对话

一个老师与一群孩子的三十载成长故事

郑雪琴 ◎ 著

光明日报出版社

图书在版编目（CIP）数据

对话：一个老师与一群孩子的三十载成长故事 / 郑雪琴著． -- 北京：光明日报出版社，2022.11
ISBN 978-7-5194-6900-9

Ⅰ.①对… Ⅱ.①郑… Ⅲ.①小学教育—教育研究—文集 Ⅳ.①G622.0-53

中国版本图书馆CIP数据核字（2022）第212750号

对话：一个老师与一群孩子的三十载成长故事

DUIHUA：YIGE LAOSHI YU YIQUN HAIZI DE SANSHIZAI CHENGZHANG GUSHI

著　　者：郑雪琴	
责任编辑：史　宁　陈永娟	责任校对：阮书平
封面设计：中联华文	责任印制：曹　净

出版发行：光明日报出版社

地　　址：北京市西城区永安路106号，100050

电　　话：010-63169890（咨询），010-63131930（邮购）

传　　真：010-63131930

网　　址：http://book.gmw.cn

E - mail：gmrbcbs@gmw.cn

法律顾问：北京市兰台律师事务所龚柳方律师

印　　刷：三河市华东印刷有限公司

装　　订：三河市华东印刷有限公司

本书如有破损、缺页、装订错误，请与本社联系调换，电话：010-63131930

开　　本：170mm×240mm	
字　　数：180千字	印　张：15.5
版　　次：2023年1月第1版	印　次：2023年1月第1次印刷
书　　号：ISBN 978-7-5194-6900-9	
定　　价：68.00元	

版权所有　　翻印必究

序

什么是对话？

怎样是平等有效的对话？

如何在平等有效的对话中促进学习真实地发生？

对于一位老师来说，这些问题难以用一两个词语或者一两句话解释清楚，甚至终其一生寻寻觅觅，也未必能够得到合适的回答。

有一天我听到一个故事，师生间的"对话"启人深思。

当年，浙江大学竺可桢校长门下吸引了很多来自全国各地的优秀人才，这些学子刻苦好学、勤奋自强，常常在实验室一待就是一整天，有时达到了废寝忘食的程度，甚至不惜在其他科目"逃课"——没日没夜地忙自己的"正事"。这样的情况越来越多，让老师很头疼。竺可桢校长了解到这些情况以后跟同学们进行了一次有趣的对话：

"同学们，你们今天没有去上语文课。听说这样的情况已经发生过不止一次，对吗？"

"是的，校长。但是我们真的没时间。"

"那你们在忙什么呢？"

"我们要做实验，实验需要花很多时间。"

"你们肯花时间在实验上,也要舍得花时间在文学上。"

同学们面面相觑,皆露难色。他们很尊重校长,但是实在不服气。终于有一个胆大的同学大声地说出了大家心中真实的想法:"校长,我们学的都是理科。文学,它有什么用?"

竺可桢院长没有生气,也没有立刻回答。他微笑着点了点头,顿了顿,笑着告诉同学们:"有些东西虽然在你的生活中不需要,但却是你精神的营养。打个比方,假如说你认真地完成一项实验,它能够换来一块面包,那么文学——它虽然不能给你带来面包,但是它另有奇效——能让你在填饱肚子的同时,感觉吃得更有滋味。"

同学们若有所思,从此再也没有人逃课。他们在语文课上的专心致志,恰如他们在实验时的全神贯注。

之所以被这个故事深深打动,是因为它让我看到了一次真实而有效的对话,这一次看似平常的对话却能产生深远而有力量的教育效果。竺可桢校长真是一个教育专家,他深知真正的教育从来不是简单的说教、苍白的说服,更不是自上而下的压制。他的对话平易近人却又充满智慧,因势利导却又不留痕迹,真诚交流的过程也是激荡心流的过程,让人印象深刻。

毋庸置疑,每一个老师都知道对话很重要,对话与学习从来都如影随形、源远流长。《论语》中记述:"不愤不启,不悱不发。举一隅不以三隅反,则不复也。"这是中国对话教育的思想启蒙,万世之师孔子的言传身教启迪后人在对话中自然而然地学习,才是最本真的教育。

对话与独白不一样。

对话,首先要看得见"说的对象"。关注对方的反应、体察对方的情绪、倾听对方的声音……总之,对话不是一个人的独角戏,也不能被一个人独占话语权。

对话，还要听得见"不同的声音"。赞同的声音固然让人喜欢，不认可的意见同样值得尊重。除了应和之声，更要欢迎质疑的声音，七嘴八舌的辩论，才更容易碰撞出思维的火花。

对话，更要容得下"千姿百态"。正如大自然中花有花的婀娜、树有树的挺拔、草有草的嫩绿，在一个对话场中每一个人都可以有不同的立场、不同的观点、不同的经验，产生交流甚至交锋，又有何妨？

对话不仅仅发生在学习过程中，也发生在日常交流中。

有时候的对话是对一个问题的探讨。把问题变成话题，从冲突对立中走向携手商榷，这样的对话让老师与学生走得更近了。

有时候的对话是对一种现象的剖析。把话题变成课题，验证、分析、完善，这样的对话让老师与学生一起改变与成长。

有时候的对话也会是心与心的交流。不管是来自家庭的压力，还是来自同伴的困扰，所有的成长都会伴随着欢笑与泪水、失败与欣喜，有人分享与理解是快乐，也是庆幸。

回到竺可桢校长的那个小故事。他说文学不是面包，但是能让面包更香甜——他那番话不仅鼓励了当时的那批理工生，也激励了当下的我——一个普普通通的语文老师。他的话引发我很多思考：

当下的语文课堂能让学生品味到"香甜"吗？汉字含香、美文有画，文学有力量。如果每一个学生都能感受到回味无穷的语言魅力，那么还会有孩子厌倦语文课吗？我辈需要加倍努力。

老师与学生之间的对话能够这样"智慧"吗？以"一视同仁"的胸怀、"海纳百川"的博大、"见微知著"的睿智，让学生感受得到尊重、得到共鸣、得到启迪，这是为人师的最大快乐，我辈需要继续修炼。

大人与孩子之间的交流能够保持"畅通"吗？态度强硬的指令式语言"你要、你要、你要……"结果往往证明"此路不通"；放下身段的对话式沟通"你是怎么想的呢……"才有可能打开心门。

回顾我近三十年的教学生涯，有喜有忧、有笑有泪、有得有失，我把这些年记录的教学随笔、管理手记、师生漫话进行了整理归类，挑选出其中五十个对话故事，与读者分享。

在整理和完善这些对话故事的过程中，我好像看到了自己跌跌绊绊、曲曲折折的成长历程与教学生涯。有时候我庆幸，真诚而有效的对话让我收获了孩子与家长的信任；有时候我懊恼，冒失又不合时宜的对话让我处于尴尬境地，换成当下明明可以做得更好；有时候我眼含热泪，灵感迸发的对话让我与孩子都获得了意想不到的成长与惊喜……

一个个故事唤醒了我的记忆，一次次引发我的思考。我希望把它们写出来，让更多的人了解教师这一个特殊的群体，让更多的父母知道如何与自己的孩子和平相处，让更多的大人思考如何真诚平等地与孩童对话，借助畅通无碍的对话建立更加紧密的关系。

一个个故事见证了我的坚守，让我看到教育的初心。这是一件非常有意义的事情，尤其是在梳理中我看到了"成长"的轨迹，确认了"对话"的价值，为此我欣喜不已。

谨以此书献给我的孩子们——书中的一个个"小不点"，有的还在与我朝夕相处，有的刚刚小学毕业，有的已经为人父母……是你们让我觉得和你们在一起成长，是一件特别美好的事情。

我不是一个作家，但是我努力做一个有故事的老师。

仅以此为序，自勉。

目 录
CONTENTS

第一篇章　牵挂着你，跨越漫漫时空

从垃圾堆捡回个艺术家 ………………………………………… 3
天使在人间 ……………………………………………………… 8
我没带短裤耶 …………………………………………………… 13
错就让我错一次吧 ……………………………………………… 18
教室里拍婚纱照 ………………………………………………… 23
记仇的二十五年 ………………………………………………… 28
我真的真的很优秀 ……………………………………………… 33
只要你信我就行 ………………………………………………… 37
我们一起学习告别 ……………………………………………… 41
动作慢不是我的错 ……………………………………………… 45

第二篇章　俯下身子，慢慢去读懂你

成长的烦恼 ·· 53

到底谁没有长大 ·· 58

我的爷爷了不起 ·· 63

让小公主走出城堡 ·· 69

一个男子汉的恋爱史 ······································· 74

我爸爸没回家 ·· 78

斗篷男孩 ·· 82

涂鸦人生 ·· 86

生活不是宫斗戏 ·· 90

穿"盔甲"的女孩 ·· 94

第三篇章　每次相遇，都蕴含着契机

生啦生啦 ··· 101

春游墓地 ··· 104

见鬼的香蕉 ·· 106

来，打一架 ·· 109

以毒攻毒 …………………………………………………… 114

孩子，别着急 ………………………………………………… 118

对不起，我的错 ……………………………………………… 122

我说清楚了吗 ………………………………………………… 126

大熊猫老师 …………………………………………………… 130

特殊嘉奖 ……………………………………………………… 135

第四篇章　静心倾听，平常中有奇迹

从乱七八糟到美只有一步之遥 ……………………………… 141

假如"窗边的小豆豆"来到我身边 ………………………… 146

千万孤独 ……………………………………………………… 151

心里有才能笔尖流 …………………………………………… 156

萧红，你不孤独 ……………………………………………… 160

自信宣言 ……………………………………………………… 162

"调皮"的鲁迅 ……………………………………………… 164

"三心二意"新解 …………………………………………… 172

文明人也会"掩耳盗铃" …………………………………… 177

向着明亮那方 ………………………………………………… 181

第五篇章 推开窗户，期待更好的你

穿越日 …………………………………………………… 189

家族日 …………………………………………………… 194

方言日 …………………………………………………… 198

感恩日 …………………………………………………… 203

辩论日 …………………………………………………… 208

惩戒日 …………………………………………………… 213

清明节里的大发现 ……………………………………… 217

毕业季上的演讲会 ……………………………………… 221

不一样的休业式 ………………………………………… 225

以童诗为战袍的抗疫日子 ……………………………… 230

第一篇章

牵挂着你，跨越漫漫时空

时间之舟驶向了时光隧道的深处。雾色迷蒙、水光摇曳,无数的回忆就好像是水中的倒影一样碎了、散了、褪去了……而你,已经是小船的一支桨、船内的一个舱,已经成为我生命无法分割的一部分。

从垃圾堆捡回个艺术家

要说当年的你，看上去真跟艺术家一毛钱的关系都没有。

每次目光看向你，你几乎都在全心全意地啃手指——好像那是一块永远也吮不完的糖，那糖可以变出无穷无尽的味道，能够让你忘记全世界。

"昊昊，你能来回答这个问题吗？"

你茫然地看着我，手指头像瓶塞一样堵住了嘴，你一个字也吐不出来。

"昊昊，你的作业写完了吗？"

你看看一片空白的作业本，缓缓地摇摇头，又狠狠地啃了一下指甲。那感觉好像是把指甲盖当成了作业开关，大概这个马达失灵了吧，所以你准备重启。

"昊昊，你的中饭什么时候吃完？"

你依然辗转吮吸着手上的"糖"，好像眼前的美味怎么也敌不过这一根小小的"火腿肠"。

有一次我差点被你逼疯了。那天放学已经很久了，但是你依然还有很多项功课欠着债。都说欠债的才是祖宗，谁说不是呢？我像伺候大爷一样陪着你、催着你、哄着你、逼着你，真恨不得把你的手指头变成铅笔头。这样盯梢盯得我心力交瘁，就想回办公室去喝一口水。这水还在嗓子眼呢，远远地就看见你斜挎起一个长长的布袋，吮着你的"糖"，准备开溜了。

"去哪？"我远远地大喝一声。

"我要去上素描课。"你一点都不怕，不紧不慢地回答，并没有因为我的呵斥而停下脚步。

"不能去！"我急匆匆地跑过来，拉住了你的袋子。袋口被扯开了，就好像铅笔盒被掀开了一样，从里面掉出来几张画。有的已经画完，有的还只是轮廓，每一张都还算有模有样——至少比你那让人目不忍睹的作业本好看多了。

"我要去完成这幅。"你捡起那张半成品，不慌不忙地解释给我听。

"作业都做不完，还画什么画！"我有点恼羞成怒了。

"我喜欢画画。"你又不自觉地开始咬指甲盖，大概在心里期望有一个"消失键"让我可以立刻离开，这样你就可以赶紧去上素描课。

但是我像门神一样怒目圆瞪，站在你的面前。两人僵站在走廊上，时间都静止了一般。

怎么办？年轻的我有点不知所措。我希望你能完成作业，但是我没有办法让你安安心心地完成作业，这让我瞬间觉得脸上无光，而且好像被人欺骗一样心中感到不平。过了一会儿，我忽然明白这么站着肯定不是一回事，你那一副天不怕地不怕的表情更是燃起我的熊熊怒火。新仇旧恨涌上心头，我恨恨地想，堂堂一个老师还会输给一个孩子吗？

"作业没有做完就没有资格画画!"我一把拉过你,扯下你的布袋子,一直扯到学校的那个巨大的垃圾桶前,然后抢过那几幅画,干脆利落地扔进了那个大桶里……

二十几年过去了。我依然记得那是一个墨绿色的垃圾桶,就像一个丑陋无比的大嘴兽,嘴边还挂着几个吃剩的垃圾,周围散发着一股霉霉的臭味。那几张画就好像填不了肚缝的小点心一样,一下子落入它的巨腹不见了……

时间一晃,过去了几十年,再见面的时候你已经是一个画家,在意大利修复世界名画。除了你长长的脏辫看上去有点艺术气息之外,我还是觉得你不像个艺术家。同学们再次看到我都有几分拘谨,你也不例外——毕竟我是一个严格的老师,有时候甚至还有点不近人情,当时大家都有点怕我,以至于现在你都成年了,看见我还像一个小学生一样规规矩矩、小心翼翼。只见你一直在低头喝茶,那杯子在你的手上转了一圈又一圈,就像被施了魔法。这让我想起你小时候啃指甲,一遍又一遍,也好像是被念了魔咒。

"真是一点都没变啊!"我看向你,笑着说。

"老师还记得我呀?"你竟有点惊喜的样子。

"那当然,怎么会忘记呢?"我心想,被你气哭,被你逼疯,对着你无可奈何的场景,一幕幕都好像发生在昨天呢!

"那老师……记不记得……"你吞吞吐吐地问,仿佛需要得到一张许可证。

但是就在你用疑问的目光看向我的时候,你肯定就知道了,老师不仅能为你提供一张许可证,甚至还能提供一张时光隧道的车票。就在我们彼此眼神会意的那一刻,仿佛有道光擦亮了,我和你一起重返校园，回到了让我们都终生难忘的那一个场景中……

是的，我当时恨恨地把你的作品扔进了垃圾桶，但是我马上意识到我这样做是不对的。一开始你只是呆呆地站在我的身旁，我要你保证以后一定要好好做作业，答应了就把作品找出来——这是我给自己找台阶下呢！你自然使劲地点头，于是我们两个开始像寻宝一样翻腾着垃圾桶。

我们一大一小两个身影，在昏暗的灯光下，使劲地翻捣着巨大的垃圾桶，就像在寻找一个巨大的宝藏，完全忘记了恶臭，完全忘记了时间，也完全忘记了彼此的恩怨。当时两人的心里都迫切地想早点找到那几个宝贝：一张成品，还有几张半成品，它们都是蕴含着一个孩子无比热爱与欢乐的珍藏品……

"老师你帮我捡回了作品，而我从此再不敢不交作业了。"你带点羞涩地笑起来，"老师，这一幕我真的一辈子忘不了。"

"我也记得清清楚楚呢！"我的脸上忽然泛红，"现在想起来还心有余悸。"

"为什么，老师，该害怕的人不是我吗？"你有点害羞的样子带着一丝诧异。我猜想，当年那个木讷而笃定的你，其实心里是担心的。只是你不知道该怎么面对我，也不知道该怎么好好地完成作业。

"我害怕扼杀了一个孩子唯一的爱好。现在想来，当时我差点毁了一个艺术家啊！"

"不，老师。"你笑了，说，"你从垃圾桶里捡回一个艺术家。"

"热爱让你勇往直前。"看着你沉静的面庞，我不由得感慨万千。虽然你漂洋过海，过得贫困潦倒，但当你面对那些被修复的世界名画时，你内心是感到平静而满足的。

当年那个热爱绘画的你成就了现在这个执着修画的你,你的初心一直没有改变。如果当时丢弃了你所热爱的作品,那我真的是埋没了一个艺术家呢!

幸好,我的眼里除了看到拖欠作业的你,还看到了热爱绘画的另一个你……

天使在人间

"老师好!"拎起电话,话筒里传来高分贝的大嗓门,接着就是一串爽朗的笑声。

"你好,你好。"我条件反射似的应答着,有一点恍惚但又有点激动,这声音既熟悉又陌生。熟悉是因为一听就是老朋友的语气、笑声,陌生是因为这个声音已经很多年没有在耳旁响起了。

难道是……

"猜猜我是谁?"好像感受到了我停顿中的犹豫,话筒中的声音变得有点调皮起来。明明是不年轻的声音,却有着青春的语调。一时之间,很多回忆扑面而来,仿佛时光倒流,仿佛我们从来没有被时间隔开过。

"你是——宇妈!"我脱口而出。就像被她传染了一样,嗓门变大了,带着一丝自得,也有一点调侃。

"哈哈哈,没老没老,居然还记得我啊!"耳畔又传来一阵爽朗的笑声:"有二十二年没见面啦,你的学生惦记你啦!你还好吗?"

竟有二十二年了吗?我一惊,又不由得有点感慨,天哪,时间都去哪了。依稀记得就在昨天,我们还在通话,她的女高音早就是我耳朵的熟客。我们打过多少电话啊，有时长吁短叹，有时斗志昂扬；有时心酸落泪，有时欣喜若狂；有时咬牙切齿，有时兴奋异常。我们就好像两个新兵蛋子，虽然对着战场上千变万化的战况束手无策，但是彼此的支持与理解总能让我们在困境中想出新的突击办法，然后相互打气投入新的战斗。

"都好都好。我老了，宇大了。"我激动得都快语无伦次了，"我们的宇还好吗？"

"好得很！"耳畔的声音近得好像就在跟前，一如既往的清爽利落，"他今天领结婚证，让我给你打电话，喊你喝喜酒。"

"真好真好，快把照片发过来看看，让我看看当年的那个臭小子现在有没有啥变化！"

我着急地喊着，眼前好像浮现了当年那个小男孩的模样。

宇，你还好吗？我的心头热热的，就好像时间静止一般，而你依然还是那个模样。你真是一个帅小子呵：白净的脸颊，大大的眼睛，眼珠子特别黑亮，眼白特别无瑕，好像还带着一点清澈的蓝，每当你用忽闪忽闪的大眼睛看着我的时候，我就会觉得心都要融化了。你这样一个如天使般可爱的孩子，大概也被上天嫉妒，在完美中留下一块伤疤。听你妈妈说，你在很小的时候有一次发高烧损伤了听神经，从此生活在一个无声的世界里。妈妈一边带着你到处寻医问诊，一边不厌其烦地教你发声说话。等到读小学的时候，你恢复了一点听力。那时的你勉强能够借助别人的嘴型猜出大致的意思，勉强能咿咿呀呀地表达自己的想法。妈妈不愿意让你去聋哑学校读书，于是你就成了我们班级的孩子，成了我和你妈妈共同守护的"天使"。

宇，你还记得吗，一开始你是一个孤独的"天使"。有一阵子你

9

是同学们嘲笑的对象，同学们不愿意与一个说话含含糊糊的孩子玩耍，这让你很受伤。于是你变成了一个小捣蛋，每一个不和你玩的小伙伴你也不让他们好好地玩，你踩坏他们的玩具，扔掉他们的书本，你在教室里像一匹野马一样横冲直撞，所到之处都是人仰马翻、狼藉一片。有时候我看着教室里乱哄哄的场面刚想要发火，但是看到你无辜的眼神又于心不忍，你从来不是一个坏孩子，你只是需要小伙伴们的理解。所以我和你妈妈想了很多办法让同学们来了解你，读懂你。印象最深的一次，同学们一起玩了一个游戏，体验堵上耳朵来玩耍的感受。同学们第一次发现原来听不见是那么痛苦，被误解是那么难受，而用手语说话实在是叫人干着急。于是他们终于明白应该珍惜自己"听得见"，也应该体谅你的"听不见"，大家商量了一个好办法，永远都对着你的眼睛说话，永远都一字一顿地慢慢地来说话，永远都提高分贝大声地说话……终于你猜大家的话不再费劲了，你和小伙伴玩也不再被赶走了，而我们班级每个小伙伴都跟你妈妈一样——养成了一副大嗓门喽！

宇，你还记得吗，上课的时候你就像一朵"太阳花"。你很聪明，但是你常常猜不透老师在讲什么。实在闲得没事干的时候，你就开始捣乱，不让大家好好上课，你一会儿咳嗽一会儿唱歌，有时候还大嚷着"听不见听不见"，声音尖锐得就像一把剑，刺穿了课堂的平静，吓得同学们纷纷捂住了耳朵。后来我和妈妈仔细分析了你捣乱的原因。我们测试了老师站在哪里上课最适合你对口型，又比较你坐在哪里最有利于你猜口型，更是一次次地做实验看看多远的距离最便于你听讲，怎么样的讲解让你最容易接收信息。一天一天，老师们形成了习惯，常常对着你讲课，有意识地减慢速度、增加停顿，重要之处就捧着你的脸一字一顿地强调；一天一天，你也慢慢地形成了习惯，你的小脑袋就像一朵太阳花一样地时时刻刻围着老师转。教室最前面、最中间的位子一直都是你的，我们班级的老师一直都站在离你最近的位置，看着你的眼睛。谁能抗拒得了你的眼睛，它就像一潭湖水一样澄澈干净，装满着好奇与不懈的努力，这是一双天使的眼睛啊！

就这样你用自己的坚持不懈证明，自己并不比正常的孩子差！后来你毕业了，陆陆续续地得到你的消息，关注着你的成长变化。最让我高兴的是你和普通的孩子一样考上了大学，也融入普通的孩子中，完成了大学的学业。

这样回忆着，你妈妈已经把你的照片传过来了。只见你整个脸的轮廓变得饱满了，如果在路上碰面，一眼根本认不出你来；但是唯一不变的是，长大的你眼神还是那么清澈透亮，就好像被水擦过的星星般闪亮！

"我已经认不出臭小子啦！"我看着照片对着你妈妈吼道。

"有没有失望啊？臭小子没有小时候帅！"隔着屏幕都能听得出妈妈的自豪，"现在是工程师，成天忙得见不到人，也不知道好好收拾打扮！"

"眼睛一点没有变，还是和小时候一样的，亮晶晶、亮闪闪！"我继续吼道，"告诉他，我也想他了！"

"谢谢你啊，老师！"你妈妈的爽朗声中带着一点激动，"虽然很久不见，但是我时常挂念，你是孩子的贵人啊！"

"你也是！了不起的妈妈！"我越吼越响，"孩子长大了，我们都在努力帮助他，成长的道路我们扶持得有功劳，值得我们相互吹捧一下！"

"哈哈哈！"你妈妈笑得像狮吼，"一定要来见证你'孩子'的婚礼！"

　　"一定一定！"我吼得欢欣鼓舞，"想当年对着他说了多少话啊！值得值得！"

　　是啊，回想当年的你，虽然常常听不见我在说什么，但是当我们用眼睛对话的时候，用心灵沟通的时候，一切都已经不是障碍。

　　我们彼此信任、相互看见、真诚对话，这使得我们穿越时光的间隔，依然心心相印，从来没有丢失过彼此……

　　宇，再见你的时候，已经在你的婚宴上，你挽着你的妻——她是一个也有着一双大眼睛的明媚姑娘。你的爸爸在致辞的时候，竟然特地向我表示感谢，你和你的新娘向我坐的方向深深地鞠躬，我看见你的大眼睛，犹如星光闪烁。

　　这一刻，我觉得自己好幸福。

我没带短裤耶

暑假，游泳池，晨课。

在三五成群的学员中，你显然是格格不入的。你的身边没有队友，也没有教练，只有一个老人在池边站着，看着你在浅水中随便地扑腾。估计没有一个班愿意收留你，但是家里又拗不过你要下水玩的撒泼无赖，就带你到游泳池让你在池边自己扑水玩玩。

当走进泳池的时候，我在娃娃堆中一眼发现了你。当时你不知道怎么又生气了，使劲地拍打水花，发出咆哮一般的声音，把眼镜、帽子扔向旁边正在练习游泳的孩子们。

但是，没有人理会你。大家熟视无睹地拍水的拍水、呼气的呼气、滑行的滑行，总之没有一个人把你当回事。你在学校里是出了名的，在周围小区也没有人不知道你。这个游泳池的小伙伴们，不是你的同学就是你的邻居，大家早就知道你的"与众不同"——也许每一个人心里都特别清楚，对于这么一个"神经病"，不理睬是最好的办法。

你在水里叫了好长一段时间，就像一个演员没有了观众一样泄了气，最后终于气鼓鼓地爬上了岸。这时候的你就好像是鱼儿缺了氧一样，大口大口地喘气，小胸脯气得一鼓一鼓的。

可是你的样子没有让人想要"解救"你，反而像看到了什么怪物而躲之不及，周围的大人、小娃们都离你远远的。

"坏蛋！坏蛋！坏蛋！"你像小狮子一样怒吼，气急败坏地把拖鞋掷向游泳池。爷爷站在你边上，试图让你安静下来。但是你的手臂就像鱼儿一样滑溜，爷爷的手刚碰到你的手臂，你就灵活地弹跳出来，使劲地用小手拍打爷爷的身体。爷爷试着抱住你，拉起你离开，但是只换来你更激烈的反抗。谁也听不清你嘴里在说些什么，但是大家都看得出来，爷爷拿你一点办法也没有，既不能带你离开也不能让你安静，泳池里响起一阵又一阵尖刺的声音，就像拉了警报一样。

这一老一小，就像在上演一场闹剧。大家都静静地看着，就像在看一个智力障碍者。而你爷爷，最后只能无助而烦躁地站在那里，除了让你拍打自己，毫无办法。

这让我想起在学校时我与你的很多次艰难的交流。有一次你把鞋子从楼顶扔到一楼，是我让你慢慢地顺着楼梯走下来找到鞋子，穿上；有一次你把外衣脱到只剩下小短裤了，也是我用一件大衣抱着你把你带回了教室；还有一次你挠伤了同桌的脸，是我想办法让你跟同学道歉，两人轻轻地抱了一抱。也许这一次你也能给我一个小小的面子？

这样想着，我忍不住轻轻地走了过去，装作什么事也没有，很自然地跟你们打招呼。

"老师……好！"爷爷很尴尬，远远地跟我打了一个招呼。

你一脸迷惑地看着我。

我继续挥动我的手臂热情地走近你。虽然我不确定你是否还认识我，也不确定已经毕业了的你是否还能再听老师的话，但是何妨一试呢？毕竟你曾经是我的学生。虽然我也有可能毫无办法，但是我不希望这样的闹剧继续下去。

意外出现了。你忽然停止拍打爷爷，也停止了大声尖叫，而是一脸期待地看着我，好像在等我。

"小雨，你好！"我走到你身边，就像跟一个老朋友打招呼一样自然。

你招招手，示意我蹲下。

于是我走到你的身边蹲下来，任由你湿答答的手臂搭着我的身体，湿漉漉的脑袋伏到我的耳边。

"我没带短裤耶！"

你说得含糊不清，但是精神高度集中的我一下子就捕捉到了这个关键信息。然后我立刻就明白了，原来你之所以在水里不停地闹腾，之所以在岸上不休地惹事，只是因为你需要帮助呀！

这就是一个孩子的思维。你不以各种怪异为羞，却知道不穿短裤是难为情的。但是你没有办法解决这个问题，于是就在水里闹、到岸上闹，可惜大家都理解成"疯癫"，而不是"求助"。

"哎呀，这可真麻烦！"我做出恍然大悟的样子，牵住了你的手。

"嗯，真麻烦。"你见我竟对你表示认同，跟着点头，不反对我牵你的手。

让孩子觉得自己被人理解，是让孩子愿意跟大人交流的前提。果然，你见我也做出思考和认同的样子，就忘记了张牙舞爪，而是自然而然地和我手牵手走到了泳池的角落。

"这可怎么办呢？"我摇着你的手。

15

"这可怎么办!"你又把手摇回来。可怜的孩子,假如你是因为没带短裤而叫喊,那你不应该被人嘲笑,每一个大人都有责任来保护你。

我把你带到了更衣室。你让我看你的袋子,果然,这个糊涂而调皮的孩子,却清楚地做出一个判断。你真的没有带短裤,而不穿短裤让你觉得难为情,这让你在外面的世界疯狂了一阵,但是没有人好好地听你说话,自然也没有人能听得懂你说的话。

你把袋子翻得乱七八糟,我也替你着急,把每一件翻过的衣服都又寻了一遍,确确实实没有,不过在几件乱七八糟的衣服中,有一条干干净净的小长巾。

"可以把毛巾系在里面做小短裤呀!"我给你出主意,然后把长巾系在你的腰间,轻轻地扎一个小花结。

"好呀,好呀!"你如释重负地跳起来。

毕竟是个孩子,你把这当成玩过家家了。一会儿的工夫,你就老老实实地换好了衣服,开开心心地走出了更衣室。这时候的你,跟正常的孩子没有两样。特别是带着两个小酒窝,显得那么可爱,那么美丽。

一直在门外守着的爷爷,感动得不得了,连说:"老师,还是你有办法呀!"

我把你的小手交给了你的爷爷,让你们赶紧回家。

你像老朋友似的跟我挥手说再见。头上的水珠都甩到我的脸上,你淘气地哈哈大笑。

"太坏了!"我装作要扯下你腰间的长巾。

你又像一条鱼一样,溜走了。只是远远地再回头,眼神中有恋恋不舍。

"再见！"我像什么事也没有发生过一样，热情地与你告别。

"再见！"你露出两个深深的大酒窝。

看着你灿烂的笑容，我心里竟然酸楚起来。其实你并没有从学校毕业，而不过是换了一个更加适合你的地方罢了。我们常常听不懂你在说什么，而你又常常用各种怪异来反抗。大人对着你常常觉得无奈，不知道你对着大人是否也常常觉得失望呢？在那么多次与你对话的经历中，唯有这一次我发现自己是真诚地、真正地读懂了你。而其他的很多时候，我可能和别人一样，只是看到了麻烦……

时光荏苒，一晃，差不多十年过去了吧，现在的你应该已经是一个亭亭玉立的大姑娘了吧？而我唯一读懂你的这一次对话，让我一直对你有一种说不出、道不明的牵挂与愧疚……

错就让我错一次吧

最近常看你的微信朋友圈，看看已是二娃爸的你在晒什么。小时候的你是班级皮娃一个，没想到长大以后倒是变成一个暖爸，经常晒两个娃的成长足迹，主题词永远是踢球，即便是家里的那个小公主，也常常抱着一个足球撒欢，这让我感慨，看样子你的爱好得到了很好的继承与发扬啦！

说到小时候的你，实在是令人印象深刻。你的本子永远都是脏兮兮的，几乎每一页都有一个黑乎乎的印子——不知道什么时候粘上的脏东西；字好像刀一样深深地透过纸，即便是往后翻上好几页依然可以清晰地看到字痕；你的头发永远都是湿漉漉的，简直就像是被雨淋过一样。只要一有空你就往操场上跑，颠球、运球、头球，小小的足球就好像是你的最好朋友。

我并不反对你踢足球，但是你对足球痴迷的程度常常让我生气。就说你本子上的脏迹吧，每一个字迹都令我糟心。今天是因为回来急了脏手没有来得及擦；明天是因为汗多了顺手就在本子上滑了一下；再一天竟然是因为带着本子去踢球，直接在本子上留下一个深深的足球印子。拿作业与踢球来比较，你简直是视作业如粪土，视足球如生命。

最难忘的是那一次了……

那是一节体育活动课，在你的再三央求之下，我同意你们和隔壁班开展一次足球比赛。男生比赛，女生啦啦队，时间是半小时，然后留下十分钟回到教室调整一下节奏，安心上课。

本来踢得好好的，忽然下起了雨，而且越来越大。女生们纷纷到教室去躲雨，我也来叫你们停战，别踢了。

"不用的，没关系！"身为足球队队长的你对我挥挥手，继续奔跑在赛场上。

"雨越来越大了，要感冒的！"我心急火燎地喊道。心想，不过是一场足球比赛而已，下次玩也是一样的。

"老师，您就再让我们踢一会儿吧！"你喊着，其他的同学见状，也纷纷表示下雨并不影响踢球，完全可以坚持。

于是就出现了我在边上干着急，你们依然我行我素的情况。我是又着急又生气。着急呢，是怕小小的你们在雨中淋坏了；生气呢，是气你们眼中完全无视老师的存在，只顾着自己在操场上奔跑撒欢儿。

"李强，你给我过来！"眼见着这些野马像失了控一样，我只能扯开嗓子开始了"咆哮体"。

"来啦！"你一脚长传，那球乖乖地到了自己的球员脚边，然后以飞一般的速度跑了过来。

"球什么时候不能踢，下雨你不知道吗？老师的话你不听吗？下次我不让你们踢球了……"我像连珠炮一样，堪比凶神恶煞。

"老师，我错了。"你不是一个顽劣的孩子。一看我这么生气，你也显出非常抱歉的神情。不知道是雨水还是汗水，顺着发丝往下滴。

脸上呢，黑一道、白一道，都是脏的痕迹。

"错了还不赶紧改，立刻回教室！"我表面上继续咆哮，其实内心已经有点小动摇。男孩子就得像男孩子，爱足球其实没啥不好，我竟然在心里为你说情。

"老师，错就让我错一次吧！"你竟然红了眼圈，"我们马上都快比完了，而且我们队一定会赢的！"

刚才在心里想着你像一个男子汉，没想到立刻你就打破了我的观念。此刻的你像个小娃娃似的，掉了金豆豆。我知道，你不想让我生气，为此心里觉得内疚，但是对于这一场球赛的执念又让你说了不该说的话，情急之下，眼泪就挂下来了。

我看了看操场。显然你是他们的小领袖，其他的孩子也都站着，等着。估计你一挥手，大家就都回了教室。只是从他们的脸上，我能读出想要尽兴而搏的期盼。

再看看天。可能也是一场夏雨，刚才的滂沱慢慢地就变成了淅淅沥沥，好像也在给你们求情似的。

再想想你的回答，实在是回答得很完美。既表达了自己的愿望，也透出自己的小倔强，关键的关键，怎么让我微微地有点动心了呢？

"那还不赶紧去赢！"最终我还是被你打败了。只能故作生气状，大吼一声，然后转身走人。

"谢谢老师的大恩大德！"你一跃而起，振臂高呼。

一瞬间，球场响起了一阵欢呼，被中止的足球赛又继续……

那一次我们班果然拿了冠军。虽然每一个男孩子回到教室都像小泥猴一样，但是大家都乐得不行，个个扬眉吐气，昂首阔步，那架势真不比大明星差多少；虽然很多班级的女孩子嫌弃地躲得远远的，但是并不妨碍你们散发英雄般的气势。

长大以后我们再次相聚，不由得又一次回忆起那一次雨中的足球赛。说起我的火冒三丈，你回忆起自己的战战兢兢；然后你又说带着地球撞火星的勇气，你才要求将错就错；接着，你特别诚恳地说，"老师，你是一个真正爱孩子的人，因为你包容了一个孩子的任性，同时也帮助他找到了他一辈子最大的快乐"；最后，你就给我看你的朋友圈，果然都是足球比赛，有的是国际联赛，有的是小型娱乐赛，最有趣的是亲子球队，一家四口俨然一个小小的足球小分队，足球已经成为你维系家庭与孩子的重要纽带了。

"老师，我当时一定很讨厌吧！"你憨憨地笑着，让我想起了你当年胆大妄为的一句话："错就让我错一次吧！"

"错就让我错一次吧！"一个小小的孩子，发出了做自己的声音，虽然稚嫩，但是有勇气；可能不得体，但是有想法。很多时候身为大人的我们，总想以大人标准对孩子指东道西，哪里知道当过早确定了正确与不正确，可以与不可以，可能就会抹杀很多尝试中的快乐，失败中的经验，以及错误中的收获。

"我很高兴，当时让你将错就错了！"我很真诚地回答了你。相比听话而言，你的快乐记忆不是更值得拥有的财富吗？可能真的是我当时的"一丝善心"，才换来你今天持续一辈子的兴趣爱好，而这不是更让人欣喜的东西吗？

最近一次，我发现你没有在晒足球，而是在晒书法。洒脱的字体、刚劲的笔锋简直让我刮目相看。

"是你写的吗？"我有点不相信。二十多年前你的字实在让我刻骨铭心。

"是的呢，老师。儿子在学，跟着一起练。"你不好意思地告诉我。

"看来，儿子的力量比老师的大啊！"我打趣你，其实打心眼里为你点赞。

"一直记得老师当年的话——字如其人。"你憨憨地笑，"所以我打算洗心革面，刷新老师对我的印象。"

"学习一直在路上。"我感慨道，"你的执着迁移到了书写上，倒是让我没想到啊！"

"陪孩子一起成长。"你不好意思地回答道。

是的，这个当年执着于"错就让我错一次"的男孩，认真地诠释了父亲的角色，也让我看到了他可爱又执着的成长力量……

教室里拍婚纱照

"老师，我考上一本大学了，还行吧！"你是第一个定期来报告学业进展的孩子。

"老师，我找到工作了，做汽车销售的。找我买车啊！"你是第一个来汇报就业，还敢向老师推销的孩子。

"老师，我准备结婚了！"你还是第一个告诉我成家消息的孩子。

……

在那么多届毕业学生中，你是最闹腾的一个，也是之后跟我联系最密切的一个。念书的时候我骂你有多狠，长大以后你和我就有多亲。过年过节打电话频率是你最高，日常跟我说东道西也是你最乐意的事情。甚至有时候你还跟我开玩笑说："老师你到底有没有帮我推销车哪——那么多家长，一人买一辆新车我就发大财啦！我一定要把老师的马屁拍好。"我笑你嘴贫，嫌你讨厌，免不了要像小时候一样教训你一顿。你还是跟小时候一样没皮没脸地只管自己说着乐着，依然嘻嘻哈哈，没有什么正经样。

快结婚的那段日子，你天天来学校看我，坐在小时候曾经坐过的座位上，看我批作业。

"嘿，你这是不是恐婚啊？"我故意打趣你。

"老师，我怎么一下子就长大了呢！"你在教室里东看看西晃晃，一副讨人嫌的样子。

"幸好你长大了，不然我就惨啦！"我头也不抬地说。

"还好吧，老师，我小时候还蛮可爱的呀！"你嬉皮笑脸地说。

"还好还好，也就把我气哭了十来回吧！"我故意轻描淡写地说。

"老师，我不记仇，你也不要揭短嘛！"一米八几的大小伙子扯着我的衣服卖萌，做出一脸善良无辜的表情，真是让我哭笑不得。

小时候的你，是一个可以上房揭瓦的主儿，给我们班到处惹事。不是在球场跟人打架，就是在教室与人斗嘴，只要有一分钟可以玩的时间，那就有六十秒都狂奔在操场上。每次从哪个角落里找你回来都是大汗淋漓，而且一副时间不够用、玩得不尽兴的苦大仇深表情。那时候为了教育你，没少骂你，也没少罚你，奇怪的是你虽然没多少改进，但是对我始终很亲近，长大了以后就像小时候一样，隔三岔五愿意来"讨骂"。

"老师，周末教室能借我用一下吗？"有一天，你忽然没头没脑地问了我一句。

"周末你到学校来干什么？"我还是批我的作业，漫不经心地问你。

"我想在教室里拍一组婚纱照。"你一本正经地回答。

"哪有人在教室里拍婚纱照的？不借。"我惊得下巴都要掉下来了，差点要问你是不是脑子被驴给踢啦，怎么冒出这么不着调的想法来。

"哎呀，老师你也太老土了吧，这叫时髦，懂不懂？"你大惊小怪地嚷起来，好像我是一个乡下土老帽。

"教室里拍的婚纱照怎么会好看呢？到时候后悔吧！"我没好气地回答。心想着既然是时髦那就成全吧，于是特地把教室打扫得干干净净，把讲台抹得一尘不染，还跟学校传达室特地做了交代，让你安安心心来拍。

过一段时间，我都快把这个事情给忘记了，你兴冲冲地打电话给我说照片已经洗印好了，拿来给我看。我打开一看，哪是什么婚纱照呀，根本就是两个大孩子穿着校服在教室打打闹闹，做出各种搞怪的样子：有的是她扯着你的耳朵催促赶紧做作业的；有的是她拿着扫把追着你麻溜儿搞卫生的；有的是她和你成了同桌，手臂相互顶着，中间一条醒目的三八线……

"什么乱七八糟的呀！"我把照片扔给你。心想，现在和你的代沟还真的不是一点点。假如是小时候我肯定又得骂你个狗血淋头，不知道你未来的妻子怎么接受得了这样的婚纱照。

"我老婆特别支持我！"你这个机灵鬼就像小时候一样能读懂我的心语，"她说要让我们以后的孩子也这么开开心心地上学，让我以后给孩子讲讲小学时的趣事。"

"是丑事！"我毫不客气地揭穿你。

"乐事、乐事！"你没心没肺地给我纠正，又没大没小地给我作揖，"谢谢老师当年的不杀之恩！"

此话不假。当年不管你怎么调皮捣蛋，我都没有选择冷落、轻视、放弃你。你虽然特别贪玩捣蛋，但是常常有与众不同的想法，我尤其欣赏你上课时常常迸出的口无遮拦的金句，允许你随时可以插嘴、偶尔可以减免作业、一有进步就让你去操场自由玩耍一节课，没想到这一切你都还记得。

再看看照片上的你。虽然你已经人高马大，但是穿着校服一点都没有违和感。特别是那一副精灵古怪的样子，举手投足之间都充满快乐、自信、满足，自由自在的样子真的是一丝一毫都没有改变。

"这些不光彩的历史还值得纪念啊？"我故意问你。

"这些照片就是我的成人礼。"你无限感慨地说，"我可不是没心没肺，我永远感谢老师的守护，感谢我有一个这么快乐的小学生活。"

我看你少有的庄重神情，一方面觉得好笑，另一方面觉得欣慰。对待稚嫩贪玩的你，我没有简单粗暴，也没有一味否定，而是选择让你以自己的节奏来适应学校的生活，同时也发挥天马行空的思维，让你敢说、爱说、能说。长大了的你，虽然没有读显赫的大学、没有找到知名的单位，却在喜爱的汽车销售业做得风生水起，无人能敌。你总是在我这里无限感慨地说，自己这么能说会道，是因为小时候我允许你畅所欲言、无所不惧。

自从结婚以后，你跟我联系的次数明显少了，常常只在过年过节的时候才打个电话问候一下，然后嬉皮笑脸地说，成年人的世界太难啦！可是我知道你很努力也很成功，在销售业依然保持着骄人的成绩，你已经不再是小时候那个调皮捣蛋的惹事精了，而是商界叱咤风云的男主角。

最近一次你给我打电话，聊的是你的孩子——一个跟你一样的惹祸主儿。

"老师，他怎么这么能闹腾啊？"你在电话中发出崩溃的哀号，"我都不知道怎么面对他的老师啊！"

"证明确实是亲生的。"我幸灾乐祸地回答，"而且青出于蓝而胜于蓝。"

"再次谢谢老师当年的不杀之恩。"你认命地大笑，然后又得意地告诉我，"我已经跟老师认过错了，老师表示很能理解。呵呵，我相信我的儿子也能碰到一个像您一样的老师！"

我想象着你拿着照片跟孩子解释婚纱照背后的故事，述说当年光荣历史的样子，不由得扑哧一声笑了，这真叫作此一时彼一时、一物降一物啊！

记仇的二十五年

悄悄地告诉你，理论上说老师要公平、公正地对待每一个学生，不因哪个孩子淘气而放弃，也不因哪个孩子愚弱而不管不问，但是老师也是一个普通人，也有自己的喜怒哀乐，也会生气、失态、记仇……

写到这，我不由得想起你来。虽然现在就情理来说，我还真的没必要记仇；但是当时这个事情对我来说犹如刻入骨头，一直不曾忘记，哪怕今天你已经是一个孩子的母亲，哪怕我们今天亲热得好像姐妹，但是这都不能防止我记恨，即便你已经完完全全地忘记了。

你和姐姐是双胞胎，两朵金花。你们热爱书法，热爱舞蹈，热爱歌唱，是非常讨人喜欢的两朵小花。和姐姐相比较，你性格更加内向一些，也许是光芒不如姐姐那样闪耀，你的眼睛总带着一点冷冷的、不屑一顾的意味。

但是我并不在意，我喜欢姐姐，也喜欢你这个可爱的妹妹。有时候姐姐在班级风头正劲的时候，我也常常给你创造机会展示才华，你透着古灵精怪的作文，你带着邪劲迎风领跑的样子，都是我夸奖的闪光点。

我以为我对你们两个很公平，哪里知道你其实并不领情。有一天，有个同学忽然拿来你的笔记本，神秘兮兮地对我说："老师，艳艳在背后说你的坏话。"

"写什么？"我有点不相信，毕竟你是我欣赏和呵护的小宝贝。你为什么在背后说我的缺点呢？

"你看，"那个同学也一副义愤填膺的样子，"她说你是女魔头。"

"什么？"我大吃一惊，赶紧拿过笔记本仔细看。只见这是一本草稿本，里面记录着一些笔记，画着一些插图，但是在第一页上，歪歪扭扭地写着几个大字：讨厌的大魔头——郑雪琴，后面还跟着好几个感叹号，把纸都划破了，好像有一肚子的怒火没有地方发泄，只有通过这一笔一画宣泄出来。

"太不像话了！"就好像油锅里溅到了水，我一下子就炸起来了，怒火像溅起的油星子一样要把我给点燃了。

"马上把艳艳叫到我办公室！"我攥着笔记本，气呼呼地回到了办公室，心里觉得真是火大，我把你当成宝，你嫌我是根草，这对我简直是一种侮辱。

正在我气不打一处来的时候，你匆匆跑进了办公室。一脸无辜的表情，带着一种漠不关己的冷淡。

"艳艳，你说，你为什么在这上面写老师的坏话？"我点着本子，好像要把它戳出一个洞来。

"不是我写的。"你歪着头，强硬地说。

"你的本子怎么不是你写的呢？"我已经完全不相信你说的话，"你说说，我哪里像大魔头了？"

"就不是我写的！"你竟然也斜着眼睛，提高了声音回答。

"那你说是谁写的，为什么写这几个字？"我感觉自己已经无法平复怒火。现在想一想，当时我的表现更加像一个委屈的孩子，就是觉得我对她已经这么用心，没想到不仅不被感恩，反而被嫌弃辱骂，很有一种得不偿失的失落，还有一种东郭先生被狼耍的愚弄感。

"反正不是我！"想不到平时看起来安安静静的你执拗起来竟然也这么蛮横，一副"你打死我好了，反正我不认"的倔强的模样。

你的张狂更加激怒了我。于是我怒冲冲地说了一句："既然你认为我是女魔头，那你以后不要让我当你的老师！"

"不当就不当，有什么了不起的！"你大喊一声，然后扭身跑了。

"怎么有这样的孩子！"我又急又气，却没有一点办法。照理说，也没有什么大事，但是你的态度实在是让我非常心酸。如果是一个"混账"娃，我可能笑一笑也就过去了，可是你是一个被我视为掌上明珠的孩子，我心里就变得意难平。

那天晚上，还是你的外婆给我打了一个电话缓和了僵局——她也是一个小学老师，对我平时也很尊敬。她悄悄地说，孩子回去大哭了一场，这是从小都没有的事情，可能当时也只是嘴硬，但是不好意思说出来。

会不会是我冤枉她了呢？我心里有点打鼓。想着这么一个听话的孩子，如此反常，冤枉她也是有可能的，不然怎么反应这么大呢！

"没有冤枉她。"外婆笑呵呵地说，"她说是自己写的，只是她也忘记什么时候写的了。不过她说，她讨厌你每次都把她和姐姐比，小孩子心里觉得不平衡。"

"我哪有把她和姐姐比啊，"我忍不住为自己叫冤，"再说了，在我心中，她已经足够优秀了，我只是希望她也能够有自己的光芒。"

"是啊，你不要生她的气，其实她知道自己错了。"外婆善解人意地说，"而且她是非常喜欢您的，总是说您让她做这个，做那个，对您有说不完的喜欢和自豪呢！"

哎，难道我让她做那么多都是错误的吗？虽然外婆宽慰我，但是我心里还是很不好受，觉得是被自己喜欢的一个孩子误解了，冤枉了，胸口堵堵的，一直不舒畅。

后来，这一件事情就这样不了了之了。我没有再去问到底是不是你写的，你也没有再来说明到底怎么回事。但是有意无意地，我不再把很多工作布置给你，你也从来不主动要求新的任务，两个人心里好像都有了结，就这样一直到毕业。虽然你依然还是很优秀，但是我总觉得我们俩之间有了一层隔膜，再也亲近不起来了。

这样过去了很多年，一直到我也有了自己的孩子，慢慢能够理解一个孩子的不一样的心情与感受，我明白自己的帮助未必是孩子需要的，但是即便是这样我还是对一个自己喜欢的学生叫我女魔头而耿耿于怀。

有一天我带孩子去上培训课，在琴房外碰到了你。原来你已经成为一个钢琴老师，你很热情地跟我打招呼，然后又互相添加了微信，你絮絮叨叨地告诉我你上的学，谈的朋友，做的工作，即将成家的忙碌……我只是安静地听着，心里想着，你难道忘记当年叫我女魔头的事情啦？可是我依然记得清清楚楚啊！

我知道我不能问，问了你大概也早就忘记了。但是你可能不知道，这一句话，竟然成为老师心中的一根刺，扎了二十多年。其实我猜测你大概是某次被姐姐占尽了风头的时候，又或者是不情愿地完成我布置的某项作业的时候，才恨恨地写下了这样一句话，写完以后就好像风一样吹走了，忘记了。

最近的一次，你忽然没头没脑地打电话给我，问我孩子应该怎么教育，想不通为什么周围那么多父母都在"鸡娃"，把你也快逼疯了……

我自然是宽慰你，告诉你养育孩子不能抢跑，要顺应每一个孩子的节奏。你听了觉得安心多了，最后还不忘怀旧似的说："老师，我们小时候多自在、多快乐啊，哪有那么多屁事……"

我听了，差点在电话里笑出声来，哈哈，小丫头，其实你小时候的屁事也不少呢！

没错，老师很记仇的，记了二十五年。

我真的真的很优秀

"我会唱歌，我很优秀；我会游泳，我很优秀；我会讲笑话，我很优秀。我真的真的很优秀！"

"你会唱歌，你很优秀；你会游泳，你很优秀；你会讲笑话，你很优秀。你真的真的很优秀！"

教室里，一个孩子站起来大声地说出自己的三个优点，最后为自己点赞；其他同学认真地听着，跟着大声地重复他的三个优点，然后一起为他点赞。每一个同学都要站起来为自己点赞，其他同学也都要站起来为别人点赞，一直到每一个同学都把自己夸奖了一遍为止。

这是我在班级中常常组织同学们玩的一个游戏：在班级同学闹矛盾的时候，在复习疲劳的时候，在课上完还有一点富余时间的时候。这个游戏其实是我在参加心理培训辅导班中学到的，导师说这个游戏可以和自己的同事玩一玩，也可以和自己的家人玩一玩，还可以和陌生人在开展破冰游戏的时候玩一玩。于是我就把它运用到了课堂上，与孩子日常的交流中。

最初孩子们对于玩这样的游戏有点羞涩，觉得要大声说出自己的三个优点，这多不好意思啊！但是我坚持让每一个同学写自己的很多很多优点,并告诉他们,你就是与众不同,你就是值得好好夸奖的。夸奖自己并不是什么难为情的事情,夸奖能够让我们更好地爱自己呢!

在游戏进行的过程中,我发现有些孩子对于说出别人的优点有点心不在焉。他们拍着手,张着嘴,在同学堆里滥竽充数。于是我故意走到其中一两个走神的孩子面前,让其他孩子闭上嘴,而让他们一个人大声地说出来。如果他认真听了,他要及时重复一遍;如果他真的分了心,那他要赶紧找一个优点补上去,总之他得继续夸,不能停。用这样的形式告诉孩子,夸奖别人也要走心,这是对他人的尊重。

但是也会碰到尴尬的时候。那就是有孩子实在找不出自己的优点;有些孩子一站起来就会缄默不语;有些孩子可能好不容易说了一个,实在是想不出第二个,就会愣在原地,默默地低下头。这样的孩子可能是学习存在困难的,可能是家庭有点变故的,可能是行动上存在一点障碍的……有个孩子甚至跟我说,觉得自己活着都没有什么意义,哪有什么值得夸奖的优点。

小云,你还记得吗,你就曾经在玩这个游戏的时候,忽然愣住了,像一根木头一样一动不动,唯有那瘦削的脸上的大眼睛受惊似的圆瞪着。你是一个可怜的孩子,从小被爸爸妈妈遗弃,后来被一对残疾的好心人领养,从此和他们生活在一起。你家里的经济条件一直不怎么好,所以平时衣服总是脏兮兮的,成绩也常常徘徊在合格线上。你在教室里总是一声不吭,很少很少跟大家说话。同学们告诉我,你除了和家里的一只流浪猫有说不完的话之外,对任何人都爱理不理。

有一次,同学们玩这个游戏,轮到你说的时候,你就是一言不发。那时,大家都盯着你。你不说,同学们都没法跟着表扬;不能跟着表扬，这个游戏就玩不下去了啊！

这时我灵机一动，忽然改变了一下形式，走到你面前，轻轻地搭了一下你的肩膀，说：

"你爱小动物，你很优秀；你喜欢小猫咪，你很优秀；你写的小猫咪日记很有意思，你很优秀。你真的真的很优秀！"

你眨巴眨巴眼睛，不知所措。

我请你的同桌站起来。同桌是我特地安排的一个开朗的小胖墩，是一个心地善良的小伙子。我示意他跟着我重复一遍。小伙子很机灵，一直看着、听着呢，见我给他一个手势，立刻明白过来，大声地说道：

"你爱小动物，你很优秀；你喜欢小猫咪，你很优秀；你写的小猫咪日记很有意思，你很优秀。你真的真的很优秀！"

你揉了揉眼睛，好像有点难为情的样子。

我就像一个指挥家，带领全班同学又一起说了一遍：

"你爱小动物，你很优秀；你喜欢小猫咪，你很优秀；你写的小猫咪日记很有意思，你很优秀。你真的真的很优秀！"

说完以后，全班响起了热烈的掌声。我站在你面前，提示你该你自己夸自己了呀，赶紧跟着我们，大声地重复一遍，好好地夸奖一下自己吧！

你的眼神不再躲闪，目光也变得很坚定。而你的声音呢，从来没有这样响亮自信过：

"我爱小动物，我很优秀；我喜欢小猫咪，我很优秀；我写的小猫咪日记很有意思，我很优秀。我真的真的很优秀！"

你说完，同学们又跟着大声重复了一遍，好像要把这个肯定像小种子一样播到你的心里去，深深地埋下去：

"你爱小动物,你很优秀;你喜欢小猫咪,你很优秀;你写的小猫咪日记很有意思,你很优秀。你真的真的很优秀!"

那一刻,虽然我们什么也没有多说,甚至什么也没有做,但是这一句话比千言万语更重要,这一个举动比任何语言更温暖。

很多年过去了,你一直没有联系我,我也再没有见到过你。有一天,我在学校附近的一家餐馆吃饭,服务员上菜的时候,我一抬头发现竟然是你。你显然也认出了我,端菜的手犹豫了一下,我正想跟你打招呼,你忽然放下菜匆匆离开了。

我有几分失落。没想到师生一场,你竟然把老师视为陌路人。但是我又自己宽慰自己,你向来不爱说话,也有可能是因为不好意思,觉得做一个小小的服务员让老师没面子。可是有什么关系呢,每一个自食其力的人都值得被尊重啊……

那一顿饭我吃得心不在焉,老是扭头去找你。但是你好像故意似的,再也没有出现。一直到临走出饭店的时候,我忽然发现你远远地站在了柜台边,手里打着节奏,嘴里念念有词。我一下子就看懂了,这是你用特殊的方式在跟我打招呼,用的正是我们上学时鼓励的语言:

"我爱小动物,我很优秀;我喜欢小猫咪,我很优秀;我写的小猫咪日记很有意思,我很优秀。我真的真的很优秀!"

一瞬间,泪水冲上眼眶。我没有走过去,也没有说什么,远远地做了一个手势回应你:

"你爱小动物,你很优秀;你喜欢小猫咪,你很优秀;你写的小猫咪日记很有意思,你很优秀。你真的真的很优秀!"

时光荏苒,你已经长大,可能生活得并不轻松。你要努力过好每一天,不要忘记,好好爱自己……

只要你信我就行

　　最近尤其想你。教过的学生怎么说也有千余人了吧，唯独你是常常让我想起的一个。我在沮丧的时候会想起你；在高兴的时候会想起你；在批改作业尤其是批到一篇好文的时候，也会情不自禁地想起你。

　　自你毕业以后，我们一直没有再见过面。但是我从来没有忘记过你，而且我相信你也一定不会忘记我。时光匆匆并不重要，重要的是我觉得自己唤醒了你身上的某一种力量，我相信这一种力量将会跟随你一生。而这已经让我觉得非常满足，这就是一个老师最大的幸福与快乐。

　　在你身上我看到的是我自己。我们都曾经是怯懦的，自卑的，敏感的孩子。你在班级中安静得就好像是杵在角落的一张桌子、一把椅子，只要没有人坐下，就一直原地不动。而学生年代的我也是那么一个木木的孩子，即便消失一整天也不会有人发现，因为谁会看得见透明的空气呢？

　　你让我想起自己当年是如何在沉睡中被唤醒的。在我的作业本上，我的语文老师热情洋溢地写了一句话——你在我心里呢！这一句话就像一道亮光让我觉得自己即便是一块木头也是有人爱的。我从此爱上了写日记。日记本成为我和老师交流的最好渠道，也好像是一条能量传输纽带带给我无穷的力量。于是我也用我的语文老师的办法在你的作业本上写下一行行滚烫的话，让你知道，你自己也在被发现，也在被惦记。

很快我就发现自己和你还有第二个共同点，那就是在安静的外表下都有一个极其丰富细腻的内心世界。在你的文章里，飞奔而过的同学都成为你笔下的主角，班级中的每一件小事都成为你指点江山的话题。有时候你的文章幽默诙谐，有时候你的文章老辣深刻，有时候你的文章清新隽永……于是我经常在班级中读你的文章，毫不吝啬地表示对你的欣赏与偏爱。

渐渐地你的身上有了变化。你的脸上现出笑容，教室里常能听到你的笑声，最难得的是上课的时候你开始愿意发言。你的发言总是与众不同，以至于到后来上课，当碰到大家都哑口无声的时候，或者大家都感觉山穷水尽的时候，大家都会自然而然地喊："杰！杰！杰！"你也从来没有让人失望过，你的发言总是另辟蹊径，让人耳目一新。

同学们都像刚认识你一样，用崭新的眼光重新认识你。有一天，一个孩子羡慕地对我说："老师，你有魔法棒呢，我们以前从来没有发现过他竟然这么有才！"

这让我觉得做你的老师真幸福，因为你让我看到了自己的价值。

我又一次在你的身上看到了自己，我和你好像啊！我记得我是在老师的鼓励下爱上文学的，也是在老师的信任之下不断地取得进步的，我甚至是在老师的鼓励下选择教师的职业的。当时老师拍着我的肩膀肯定地说，"考师范，你呀，天生就是做老师的料"——天哪！

当时那么一个连说话都不敢大声的、怯懦的我，老师是从哪一点看出我适合的呢？我到现在也没有想到答案。但是当年她那一种毋庸置疑的坚定真的推动了我向前，让我坚定地做了一个老师，而且一心觉得自己可以做一个好老师。最神奇的一点在于，原来在我身上可以实现的魔法，现在用到了你的身上，而且果然看到了成效，这能不让我感到莫大的快乐吗？

有一天晚上，我记得你的父母一起来拜访我。我相信他们并没有告诉你，但是我知道他们的谢意是那么真诚，他们穿得那么正式，一起来到了我的办公室，深深地向我鞠躬。我很不好意思地说：

"我什么也没有做，杰本来就是一个优秀的孩子。"

"我们杰说，是你让他相信自己优秀，而且变得越来越优秀的。"

"他本来就是一座巨大的宝藏，是我庆幸碰到了这样的学生。"

"不是，这一座宝藏原来谁也没有发现，是你开发了他，我们永远心存感激。"

你的父母一再地跟我说，"老师你真的太厉害了，原来这个孩子在家里并不怎么爱说话，甚至都不跟我们交流，我们有时候都觉得这个孩子是不是有自闭倾向。但是这一年以来，他越来越开朗，越来越自信，越来越愿意和我们交流，他和我们说得最多的就是你，每一次说起你的时候，眼睛都会发光。"

听得我有点惭愧，其实我真的没有他们说得这么好，"我只是告诉他我相信他，我只是鼓励他可以做得到——一如我的老师当年鼓励我一样"。别的孩子可能并没有对我的话产生任何反应，唯独你深深地相信我的话，而且不断地去努力，最终真的做到了我所期望的样子。与其说是我成就了你，还不如说你成就了我对于老师所有美好的期待呢！

是的，你让我觉得做老师很幸福。都说百年树人，教育是一个漫长的过程，在很多孩子身上可能花了很多力气，但是不一定马上看得见效果，或者根本就没有效果，这也是很多屡战屡败、屡败屡战的老师的苦楚。但是从你的身上，我却收获到了立竿见影的效果。

也许是因为我和你特别同频，所以我的话特别见效；也有可能真的是因为你和我特别相似，所以我不自觉地对你加以关注以及发自内心地信任，成为点燃你学习热情的一把火。此外，也有可能你和我一样特别吃这一套，所以特别见成效。

"我相信你。"

"我看好你。"

"你没问题。"

……

我就是这么毫不怀疑地对你说着，然后你什么也不说，一直默默努力，变得越来越优秀。你说，碰到这样的学生，是不是一个老师最大的幸福呢？

虽然毕业以后我们再也没有见过面，但是我常常收到很多关于你的消息。知道你中学以后越来越活跃，成绩越来越突出，个性越来越开朗，后来考上了自己心仪的大学。我一点也不觉得奇怪，我知道那个内心被唤醒的孩子充满着向上攀登的力量与能量。在漫漫的教学生涯中，有一个这样的你和我无缝配合、完美搭档，我觉得这是作为一个老师的莫大幸福……

我们一起学习告别

当一个孩子面临家人离去的巨大悲痛，我们该怎么样去安慰呢？

很多时候我们可能措手不及，甚至连自己都无法好好面对。毕竟这其中的伤痛、恐惧、无措，不是旁人可以理解与感受的，而且不是能够随着时间的流逝而消散的。那就是一个一直在隐隐作痛的伤口，不能触及、无法回避。

曾经看过一个很温情的短片，我认为它提供了一个很好的疗愈办法。有一天半夜，派出所值班室收到一个小男孩的电话，询问能不能帮他把电话转到天堂，告诉妈妈自己很想很想她，盼望着妈妈回来看看自己。值班的民警说天堂太远，电话无法接通。但是他可以把自己想对妈妈说的话写在气球上，然后放飞气球，可能妈妈就能够收到他的问候。从此以后，小男孩就把对妈妈说的话写在气球上，每放飞一个气球，就释放了一点对妈妈的想念。小镇的人们听说了这个故事，纷纷买来气球，在气球上写上祝福、思念孩子的话，把小男孩的小院变得五彩缤纷。小男孩终于在这样的仪式中慢慢长大，也慢慢走出了失去妈妈的伤痛。

真是一个美好的故事，也是一个很治愈的告别仪式。当情感有一定的依托、当心灵得到一定的慰藉，那么残酷的告别就变得有一丝丝暖意。当人们不得不面对它的时候，内心至少不是全盘崩溃的，也不是绝望得好像到了世界末日。

我深深记得一个场景，那是一个四年级的孩子突然面对死亡告别的时刻。那一天，我们正在上课，忽然办公室有老师让我赶紧去接一个电话——从来没有一件事情重要到需要打断上课、中途离开的——这让我的心突突地狂跳起来，一种不安的感觉让我有点透不过气。

我让同学们自学，然后飞奔去办公室。电话里的声音带着哭腔，她告诉我自己是璐璐的姑姑，璐璐爸爸出车祸快不行了，璐璐妈妈已经赶去医院，她现在就在学校门口。赶紧让璐璐下去，还能赶上见爸爸一面！

璐璐?！一个不开口就带笑的小可爱，一笑起来嘴角就露出两个甜蜜蜜的小酒窝的阳光女孩。这样一场飞来横祸，她怎么能受得了？

我匆匆把璐璐叫出教室。全班同学都一脸惊异，璐璐也是一头雾水。我只能告诉她家里有点急事，赶紧先回家去，家人在门口等着她。璐璐匆匆忙忙地走了，把我的心也带走了。那一节课我没法心平气和地继续上课，匆匆地交代了作业，就望着窗外发呆。哎，小璐璐，她要怎么面对这一切呢？

一个星期以后，璐璐回来上学了。她妈妈把她送进了教室，两个人手臂都缠着黑纱，脸色都显得异常憔悴。我问她妈妈要不要再休息几天，她妈妈说不用了，家里的事情都处理完了，还是来学校吧，免得胡思乱想。

同学们都有意无意地凑在璐璐边上，不知道该说些什么，但是又觉得该跟她说点什么，大家都有点伤感，有点尴尬。她的几个好朋友，把一瓶五彩缤纷的小星星塞到她手里——这是在她离开的那段时间，同学们在一起叠的，每一个小纸片里都写着一句安慰的话，如果她觉得不开心，就可以拆开任何一颗小星星，读一读同学们鼓励和劝慰她的话。

这一个小瓶子给了璐璐巨大的安慰。她常常捧着瓶子，数着瓶子中的小星星。有时候拆开，有时候又给叠上，有时候会愣一会儿神，有时候读着上面的句子眼窝里会慢慢溢出泪水……这个原来无忧无虑的孩子好像一下子就长大了，她酒窝里好像装的不再是欢笑，而是泪水，任谁看了都会觉得心疼。

有一天我跟璐璐说，"其实你也可以折小星星，把你想对爸爸说的话写在小星星上。爸爸就像星星一样闪耀在夜空，你可以托付小星星把你想对爸爸说的话，告诉他，他一定会高兴的呢"。

这真是一个特别好的建议，璐璐马上就开始做起来，每天课间她一有空就折小星星，好像有说不完的话要对爸爸讲；有时候她会把写了什么告诉我，但是更多的时候她总是神神秘秘地藏起来，想一个人跟爸爸分享小秘密。

有一天我突发奇想，跟她说："老师也有很多话要告诉你的爸爸呢，我能折小星星吗？"璐璐高兴地点头，于是我常常写一些话放进她的小瓶子里去。记得有一次我写道：我很久没有看到璐璐的小酒窝了，哎，有点伤心。结果璐璐看到了，甜甜地冲着我笑了一笑。这是我长久以来看到她第一次发自内心的笑容，一下子融化了我的心。

就这样不知不觉到了小学毕业，璐璐长大了，要读中学了。记得最后一次把他们送到校门口的时候，大家都有些伤感，璐璐却表现得很轻松的样子，她一直在很用心地笑。

走到校门口,她忽然转过身来说,"老师,我想抱抱你",然后她给了我一个大大的拥抱。

"老师,妈妈,再见!"璐璐潇洒地挥一挥手,酒窝里闪动着笑,眼角却挂着泪。

"璐璐,好孩子,再见!"我再次紧紧地拥抱她,想起很多跟她共享小纸条、小星星的往事。

在这人生旅程中,我和她短暂一聚,终将远离。但是我相信这孩子不管走到哪里,一定会记得我是如何陪着她走过黑暗的离别,一定也从那勇敢面对的告别中,得到了很多宝贵的财富。

其实不仅是我在教璐璐学会告别,也是我在陪着璐璐一起学习面对告别,学习在告别中长大。很多年以后,当我的亲人意外离开的时候,我也很自然地想到了用书信的形式表达,我告诉自己的孩子:可以用叠小星星的仪式来表达思念与寄托哀思。

是啊,学习离别也是一门必修课,是成长道路中无法回避的一道难题。学习面对它,战胜它,就是在让自己获得力量,获得成长。

动作慢不是我的错

大多数人都有学车的经历，学车和学习有异曲同工之处。

先来看看学车的过程：

教练："先这样，再这样，再这样这样……你懂了吗？"

学员："懂了。"

教练："好的，那你来操控。"

结果学员把车撞到了树干。

教练："你不是说都懂了吗？"

学员："懂是懂了呀，可我还是不会。"

再来看看学习的过程：

老师："这篇作文先这样写，再这样写，注意这些……记住了吗？"

学生："记住了。"

老师："好的，那就开始写吧！"

结果学生写得乱七八糟。

老师："你不是说自己全部记住了吗？"

学生："记是记住了，但是还是不会写。"

假如我们曾经有过学员学车过程中的这一种尴尬，那么就应该能够理解学生学习过程中的这一种无助。确实，懂不等于会，记住了并不代表学会了，如果纯粹把传授知识作为教学的全部，那么真正的学习可能从来就没有发生过。

儿童在学习的过程中到底经历了什么呢？碰到了什么困难呢？大人应该做些什么呢？

很多大人在正儿八经教育孩子的时候，其实并不知道孩子身上碰到的最大的麻烦是什么；也正因为是这样，大人的苦口婆心也好，孜孜不倦也好，并没有什么效果。对于老师来说，诲人不倦也有可能演变成"毁人不倦"。

你就是一个让我感慨万千的孩子。在你身上，我深深地体会到，要挨批的人不是你而是大人，要学习的人也不是你而是大人。

在家里，你妈妈曾经冲口而出："我怎么生了你这样的儿子。"你做作业的时候，总是心神不定，一会忍不住翻课外书，一会盯着一道题半天不动笔，别人半小时能完成的作业，你却需要用两小时。虽然正确率挺高，但是效率实在是太低。每天因为作业而影响睡眠，每天瞌睡不醒的样子直接把妈妈逼疯。

在学校，我也曾经忍不住对你拍案而起："学习态度有问题，一天到晚磨磨蹭蹭。"没错，你的课堂作业从来不能在课堂上完成，你的考试总是只能完成三分之二，即便老师总站在你的身边，但是还是改变不了你愣神的习惯。看着你一次次因为做不完题而影响了成绩，我也常常忍不住对你咆哮。

带着深深的局促与不安，带着无法摆脱的焦虑与被动，带着一路的被质疑、被训斥、被催促，你磕磕绊绊地完成了大学学业。虽然你的智力没有问题，但是你的速度依然困扰着你。妈妈的唠叨、老师的批评，以及你对自己的毫无办法，伴随着你整个成长过程。

你想去寻找更好的自己。你申请了一个大学，准备继续攻读研究生，并且你想去寻找一个答案，为什么我总是比别人慢一点。你费尽心思、锲而不舍，经过了各种检测，又咨询了各大医院研究所，最终得到一份权威的鉴定：所有的不一样只是因为你的"脑回路清奇"——你的缜密性、准确性比普通人要高很多，你的思考、阅读速度比普通人要慢很多；也正因为这样，所以你常常无法在规定时间内完成规定动作，但是只要给你足够的时间，你能够比大多数人表现得更加优秀。

"这是一种什么病？"你锲而不舍。

"这也是多动症的一种，只是更加复杂。"医生根据密密麻麻的数据与指标告诉你。

"那要怎么治？"你不甘心自己永远都是这样的一种状态。

"正如气质与生俱来，谁也无法修改上帝的作品。"医生温柔地告诉你。

"那我的人生不是完了吗？"你很难接受这样的回答，好像患了不治之症。

"不，这是上帝的一份特殊礼物，你要学会善用它。"医生说，"你的不一样并不说明你不如人啊！"

医生给你出具了一份证明，这一份证明在学校依然有用。这一份证明告知学校，可以给这位同学增加一倍的考试时间，因为你的"不一样"，所以对你的待遇与评价应该也得"不一样"。

你半信半疑，不知道学校是否会认同这一份证明，同时你也有顾虑，怕这一份证明会带给你"奇怪"的目光，让你自卑的内心更加雪上加霜。你抱着试一试的心情把诊断结果告诉了学校，没想到学校表现得非常平静宽宏，不仅尊重了医院的建议，而且郑重地告诉你这样的情况非常正常，完全不需要担心。

真的不需要担心吗？你还是有点忐忑不安，但是结果却让你意外。各科老师都如约给你更长的时间考试或完成作业，并且完全不影响你的最终成绩；你的同学对于学校与老师这一份"特殊照顾"表现得完全不意外，不排斥，不眼红，他们告诉你，你值得——原来给了你充足的时间之后，你的作业总是能够完成得异常精彩，你在小组合作中总是能够发挥画龙点睛的作用。不知不觉，你在学校小组中发挥了精神领袖的作用，而更多操作性、实践性的作业则被同学们自觉地分担。所以你的好，带来了团队的共赢，每一个人都变得更好了。

最终你以优秀的成绩读完了研究生——最重要的是，困扰你二十多年的心病在研学的过程中得到了彻底治愈，你终于了解了自己是谁，终于能够正视自己、善待自己，并且更好地去实现自己。

你把这个好消息告诉家人。爸爸第一时间的反应是问道："你真的能毕业了？真的做到了吗？"二十多年的问题不仅是你的伤，还是全家人的痛，大家都被笼罩在"动作慢是一种病"的阴影之中，于是你把自己求学与求医的过程完完整整地告诉了家人。

后来你妈妈把这件事也告诉了我。想起了我和你朝夕相处的很多场景，我有点愧疚，也有点难过，更有几分自责。原来我自以为很认真，没想到只是认真地犯错误，自始至终我都没有能够有效地帮到你。

而这样的孩子又岂止一个呢？我想到了曾经接触过的两个与你很相似的孩子。一个叫作小翟，弹得一手好琵琶，但是从来不能做完作业，一再地被我批评；一个叫作——，在信息技术上具有超高的悟性，但是作业从来都是蚯蚓爬行，考试永远来不及，也不知道被我训了多少回。

我真的在教吗？我所做的一切对你们真的有用吗？

想起你的故事，又想起我曾经面对很多个这样的"你"时的着急、催促、逼迫、否定……

我为发现自己还有这样面目可憎、简单粗暴不可原谅的一面而汗颜了。可是让我再遇到这样的一个"你"，我有办法帮助你吗？我可以有不一样的对待方式吗？我如何鉴定态度与能力的细微区别呢？

我得承认，我需要重新学习，学习如何去做一个真正的好老师。

第二篇章

俯下身子，慢慢去读懂你

大人和小孩常常因为"语言不通"而间隔千山万水——当大人担忧孩子输在起跑线的时候，小孩却说自己愿意做那个在路边鼓掌的人。我是那艘小小的船，往来于大人岛与小孩岛，在他的"需"和你的"要"之间建立关联。

成长的烦恼

"老师,能耽搁你一会时间吗?"

放学时,莹莹爸爸忽然从家长堆里大声地跟我打招呼。这个强壮魁梧的大男人,不停搓动着双手,显得有些局促不安。

"好的,我们找个地方坐下来说。"我一边把莹莹爸爸往办公室请,一边在心里猜测着是什么事情。

莹莹是我的课代表,圆圆的身材、圆圆的脸蛋,还有一对圆圆的酒窝,是一个非常惹人喜爱的小姑娘。平时在学校里都不怎么需要我操心,作业收发、催盯各项活儿都干得井井有条,爸爸是因为什么这么心事重重的呢?

"老师,我们就在这里说吧!"经过操场,莹莹爸爸停住了脚步,还特地左右张望了一下确保四周没人。小莹莹长得很像爸爸,现在爸爸一本正经的样子,显得既庄重又有股莫名的喜感。

"嗯,那您说,有什么事需要我帮忙的吗?"小莹莹是我的得力助手,我打心眼儿里喜爱她。我暗下决心,必须为她爸爸排忧解难。

"是这样的,孩子真的是非常喜欢和信任你,所以我和她妈妈才想到这儿来向你求助。"莹莹爸爸挠了挠头皮,涨红了脸,"你能不能跟莹莹说一下,这一学期开始让她回自己房间睡呢?"

我没想到是这样一个问题,也没有想到这也会成为一个问题。于是忍不住好奇地追问道:"莹莹不是单独一个房间吗,不是自己睡的吗?"

在我眼里,这根本就是理所当然的事情,再说莹莹都已经是六年级的大姑娘了,一般的孩子都喜欢有一点自己的私人空间,自然她也应该如此啊!

"所以我才觉得苦恼,已经发愁好几年啦,因为她不仅不肯自己住一个房间,还不肯自己睡一张床。"莹莹爸爸无可奈何地说,"老师,她每天都非挤在我和她妈妈中间,我这几年就从来没有好好睡过觉啊!"

啊?看着莹莹爸爸愁眉苦脸的样子,我有点哑然失笑了。莹莹是一个胖嘟嘟的小丫头,爸爸妈妈也都是圆滚滚的身材,这三个人躺在一起,每个人都会睡得很辛苦啊!让人匪夷所思的是,孩子都这么大了,竟然还像个小婴儿断不了奶似的跟父母同床,这显然是不健康的,肯定不利于孩子的成长。

"莹莹爸爸,你是不是心太软了。这些事情可不能宠着孩子,惯出他们的臭毛病啊!"

"是的,老师,我知道我们做父母的有问题。最初是孩子说怕黑,所以就由着她;后来是孩子说要跟妈妈聊天,所以又拖了一段时间;现在呢,孩子是必须睡在我俩中间,还不准我和她妈妈换位置。我意识到这里面肯定有点问题,我是想过用强硬手段,不过……哎,拗不过她。"

莹莹爸爸不知所措地搓着手,额角竟然微微渗出汗来。估计不到万不得已，他也不愿意跟我来说这个尴尬事。从他的欲言又止中，可以看得出他完全是一个"女儿控"，对孩子没有边界地宠溺，才导致莹莹跨过边界。大概在莹莹心目中，在爸爸妈妈中间画一条杠杠，就代表着爸爸妈妈都得以她为中心，永远不可以改变吧！

"好的，莹莹爸爸，我会跟孩子交流。"我心里已经有了主意，但是又不放心地叮咛道，"到时候，你和她妈妈可一定要坚持，不能够心软啊！"

"好的、好的，老师。"莹莹爸爸就像小学生下保证书似的连连点头，"我们也是觉得这一件事情不能再拖了，还请老师帮助我们解决困难。"

"好的，我来想办法，不过到时候需要你们一起配合。"我笑着跟莹莹爸爸强调。

"治"莹莹的办法马上就开始实施。我先在班级里组织了一次调查，了解多少同学有自己独立的房间，有自己独立的空间，实现"我的青春我做主"。大多数的同学都如实填写，莹莹软磨硬泡要爸爸妈妈也写上"独立"。爸爸妈妈当然知道这是老师使出的一个"计谋"，不能白白地浪费这个大好时机。于是莹莹爸爸与她签了一份"君子协议"。就这样她被爸爸妈妈"请"出了房间，搬出了大房间。

再过了一段时间，我又专门组织了一次"独立宣言"活动，了解同学们是如何做到像小大人一样安排自己的时间和生活的。其他同学眉飞色舞的时候，只有莹莹一个人垂头丧气，闷闷不乐。我知道，她对于失去"领地"是心不甘情不愿的。

有一天，莹莹在办公室帮我清点作业，我抓住机会跟她交流，故意先叹苦经：

"哎，咱们班级怎么有那么多让人不省心的同学呢，你瞧，这么点作业，还得三请四催，真让人心烦。"

"老师，有我呢，下午准能全部收齐的。"莹莹麻利地帮我把作业本翻开，又帮我随手把已经通过的同学名单打上钩，一副不缓不急的从容样子。

"莹莹，爸爸妈妈有一个你这么懂事的孩子，好幸福哇！"我一边批改一边热情称赞。

"切——，我爸爸妈妈才不稀罕我呢！"大概点着了心中的"软肋"，莹莹脱口而出，有点不屑。

"什么，我这么优秀的学生爸爸妈妈不珍惜，那我要批评批评他们啦！说说看，他们哪里让你不满意？"我停下笔，做出要为她两肋插刀、打抱不平的样子。其实我知道，她是为爸爸妈妈把自己赶出房间而愤愤不平，但是她又怎么会跟我说这样的糗事呢？

果然，莹莹斟酌了一下才小心翼翼地说："他们俩老是不管我。有时候，嗯……晚上也不理我。"

毕竟是个孩子，说到这里的时候，莹莹有点伤心，眼圈红了。我知道她爸爸妈妈得到过我的警告，坚决不允许孩子耍赖，再也不准她在大房间睡觉，所以这一段时间她是有点失落的。

"我猜你又懂事又能干，爸爸妈妈放心得很。所以呢，他们就放心大胆保证给你充分的自主空间。我好羡慕你的爸爸妈妈呀！"莹莹旁敲侧击，我当然也是要故作糊涂啊！

"哎，老师，为什么非得长大呢？"莹莹若有所思，长长叹了一口气。

"长大是自然规律啊！就像老师和爸爸妈妈总有一天要老去一样，

长大也是自然而然的事情。"我拥莹莹入怀，捏捏她圆鼓鼓的脸蛋，说，"等到你真的长大的那一天，爸爸妈妈才能够安心老去。有你这样的好孩子，是爸爸妈妈最大的幸福！"

"我真希望自己永远不要长大。"莹莹满腹心事地叹了口气。

"我真希望自己永远不要老去。"我学着莹莹的样子，满腹心事地叹了口气。

莹莹笑了，两个深深的酒窝，好像装满了很多小秘密；我也笑了，为她这么多可爱的小秘密……

到底谁没有长大

又是期中阶段性检测练习的日子。考试从8点10分开始,考场里安静得连一根针掉在地上都听得见。

"老师,老师,过来一下!"忽然我看见学校路边的篱笆缝隙里,探出一张焦虑的面庞,一个七十岁左右的老爷爷使劲地对我招手。

"我在监考!"我跟他示意,请他不要大声说话,同时提醒他,我不能离开教室。

"来一下,来一下!"老爷爷见我转身要走,忽然提高了一个八度,心急火燎地喊起来。教室里一个个奋笔疾书的小脑袋好像小鸭子被线牵动了脖颈,纷纷仰起头好奇地张望着。

没法子,为了让学生安心,我赶紧做了一个让学生不要分心的手势,提醒大家专注答题,然后悄悄地小跑过去。

"爷爷,有什么事情?"看着爷爷一头汗,我有点担心。

"那个……那个……"爷爷可能也是匆匆忙忙跑过来的,有点气喘吁吁,"佳宇的水杯……"

"哦,没关系。"看来又是一个操心的爷爷。小马虎背后的大跟班,这是给孙儿来送东西的,我心里舒了口气,说,"那你把水杯交给我吧！"

"不是的，不是的。"爷爷把头摇得像拨浪鼓一样，握住我的手好像要托付更加重要的事情，"麻烦老师一件事情……"

"好的，您说。"我有点摸不着头脑，心里琢磨着到底会是什么事情让爷爷这么急，好像被老虎撵在屁股后面一样。

"老师，早晨太急了，佳宇水杯里是烫开水，没法喝的。"爷爷好像抓住了救命稻草，认真地往下说，"麻烦你，给他去添点凉水吧……"8

"啊？"我被惊到了，没想到是这样一个"艰巨"的任务。但是三言两语我跟他怎么说明呢——算了，我咽下一肚子的感慨，还有很多很多要提醒爷爷的话，装作非常认真、爽快地答应完成这个嘱托。爷爷这才像完成了战斗任务一样，安安心心地走开了。

"哪个是佳宇？"我快步回到教室，寻找着爷爷的宝贝疙瘩。只见角落里有一个不安的眼神正悄悄地看向我，有几分胆怯，也有几分抱歉，似乎那一张考卷已经不重要，重要的是我会不会批评他。

我一下子明白了。走过去拍了拍他的肩膀，没有再多说什么。他明白了我的意思，抿了抿嘴唇，继续开始低头写字。

我在远处端详着他。清秀而瘦削的脸庞，白皙而略显憔悴。特别是他的头发，看上去就好像是一顶蓬松而柔软的帽子扣在脑门上，使他整个人显得很讨人喜爱。

我记得这个孩子，虽然是久远的记忆，但是当时还是留下了难以磨灭的印象。记得那是一年级的第一个学期，有一次周一的升旗仪式。操场上站满了孩子，正是肃穆庄严的时刻，也是护栏外，有一个年轻的妈妈向我招手，示意求救的样子。于是我悄悄地走了过去。

"老师，帮忙关注一下那个男孩。"那个年轻的妈妈指着一个站在最前列的单薄的男生，"他身体不好。"

"嗯，好的，他有发烧吗？"虽然我不同意妈妈这样的举措，再是牵肠挂肚也不能时时刻刻盯着孩子，但是可怜天下父母心，我还是耐心地想帮她解决困难。

"不是发烧，"这个年轻的妈妈有点为难的样子，"但是咳嗽得很厉害。"

"嗯，不要担心。"我跟她摆摆手，示意她回去吧，"我会让班主任老师今天多关注他，如果身体吃不消的话，就让他回教室休息。"

"等一下，老师。"年轻的妈妈一脸愁容，继续说，"他的咽炎是有很多痰的，我看他刚才很难受，硬生生地把痰咽回去了。我想请求你的允许，告诉他同意让他把痰吐到地上啊！"

啊，我当时就像被施了定身术一样愣在那里。想着跟妈妈三言两语也说不清楚，于是点点头什么也没有说。我找到了那个在寒风中很认真地听晨会的孩子，给了他一个大大的拥抱，又给了他一包餐巾纸。

这么多年过去了，佳宇还记得当时的那一幕吗？我看着他奋笔疾书的样子，心里默默叹息，想不到已经过去五年了，家里还把他当成一个长不大的宝贝疙瘩，被这样的"爱"所笼罩，他内心是一种怎么样的感受呢？

考试很快结束了，铃声响起，同学们纷纷把试卷交了上来，我看了看佳宇的，书写整洁、卷面清晰，应该会有不错的成绩。其他同学交完卷子，就像放出笼子的小鸟一样飞出了教室，但是他却远远地站在我的讲台边上徘徊着，一副欲言又止的样子。

"佳宇，来一下。"我喜欢这个善解人意的男孩，也想跟他聊一聊。

佳宇有点害羞，但是磨磨蹭蹭的还是走到我的身边。

"佳宇，等一下喝水要小心，热水很烫很烫的呢！"我做出一副很夸张很体贴的表情提醒他，其实也是跟他开玩笑。

"老师，我又不傻。"佳宇被我逗乐了，不好意思地笑开了。柔软的头发就像海浪一样层层叠叠地翻腾，很是俏皮和讨人喜欢。

"可是，我不放心啊！"我继续用极其夸张的语调跟他说着，相信他已经知道我在跟他说什么。

"对不起啊，老师……"佳宇苦恼地挠挠头发，"家里人总把我当成长不大的孩子，我都说了多少次了，他们就是不听。"

"其实呀，是他们没长大。"我拍拍他的肩膀，尝试宽慰他，"不是有一句话叫作，有一种冷叫作妈妈觉得你冷，有一种热叫作妈妈觉得你热嘛！"

"哎，烦都烦死。"佳宇使劲地吹着盖住自己眼睛的头发，就好像要吹走心里的烦忧，"我都快被他们逼疯了，老师。"

"嗯，确实有点烦。"我深表同情地握住他的手，给他鼓励，"不过老师看到你并没有心安理得地享受这些特殊的关爱与照顾，这一点很了不起，像个男子汉。"

"谢谢老师，给您添麻烦了。"他停顿了一下，"可能是因为小时候身体不好，家里总是把我看管得死死的，其实我不喜欢。老师您能帮帮我吗？"

"最能帮助你的人，是你自己呀！"我神色庄重，"既然你明确知道这样的关心是不需要的，那么就要明确地告诉他们，然后坚持自己的原则。男子汉嘛，主权还是要靠自己去争取的，不然确实会让大家觉得你很奇怪呢！"

我顿了顿，又跟他开了一个玩笑："小心长大变成妈宝男，那就成大麻烦啦，要娶不到老婆的！"

"我可不会成为妈宝男。"佳宇抗议地宣布，又若有所思。看来，今天的这一番对话对他还是有所触动的。

我看着他默默离开，不由得叹口气。心想，也不一定啊，孩子，在这样的家庭环境中，你得坚守自己的原则，不屈不挠地抗争，才能获得自由的成长空间呢！在一个父母都没有长大的家庭环境，孩子怎么可能长出主心骨呢？

我为你担忧，但是同时也由衷地祝福你。愿你尽早长出有力的翅膀，撑起一片属于自己的自由的天空。

我的爷爷了不起

在很多家庭中,孩子就是太阳,家里所有的人都是围着太阳转的向日葵。太阳是高高在上的,向日葵是以太阳为中心的。太阳在哪里发亮,他们就转向哪里,太阳就是他们眼里的光亮、希望,甚至生命的全部。但是这样被包围和宠溺着的"小太阳",当把自己看成比什么都重要,眼里、心里装不下任何其他东西的时候,也是令人担忧的。

而你,就是这样一颗被捧上天的"小太阳"。我观察到每次爷爷来送你上学的时候,你总是趾高气扬地走在前面,爷爷就低眉顺眼地跟在后面。有时候你还很不耐烦地吆喝爷爷:快点、快点,要迟到啦!爷爷不生气也不着急,只是连声地说,跟上喽,跟上喽!他驼着背载着你的大书包。书包总是一耸一耸地从爷爷的背上滑下来,就好像是一个不安分的小娃娃,爷爷管不住你,只能不停地用手去护着你,难怪走不快呢!

看得出,爷爷很乐意当你的"老书童",只是你对他的表现还有很多不满意的地方。有几次我远远地跟在你们的后面,发现爷爷还得小心伺候你吃早餐,像变戏法似的从布袋里掏出一样样东西塞到你的嘴里。一会儿牛奶、一会儿包子、一会儿几片削了皮的苹果……爷爷手忙脚乱，你则不耐烦地嫌弃：

"牛奶不够热，不要！"

"包子不好吃，不要！"

"苹果不甜，不要！"

……

爷爷并不生气，一个劲地递出新的。他又从布袋里掏出其他好吃的，哄着你继续吃，生怕你饿坏了似的。

"爷爷，把书包给齐齐自己背着吧！"我走上来想把书包从爷爷的肩头卸下来。

"老师啊，很重的，很重的。"爷爷就像护着宝贝一样地扯着书包带子，连声说，"就到了，马上给，马上给！"

"齐齐，拿书包！"我只能缩回手，转过头来用眼神提醒你。

"我又不要他背！"你见到我就好像太阳遇到了云层遮盖，马上失去了嚣张的气焰。你机敏地从爷爷肩头抢过书包，一溜烟地逃走了。

"爷爷，你看，齐齐能干着呢！"我笑着对爷爷说，"不用你帮啦！"

"好得很，好得很。"爷爷像个学生一样不好意思，"谢谢老师！现在的小娃娃，能干得很！"

爷爷站在那里，开始絮絮叨叨讲他与自己的小孙孙的故事。他说自己很小的时候就离了父母参了军，一辈子走南闯北吃了很多苦，现在享受着天伦之乐，你给他带来了莫大的快乐，他怎么舍得再让你受他小时候的苦呢！我有点好笑也有点无奈，瞧这爷爷，明显的护犊子，完全没有放手的意思啊！

回到班级，我把你叫出了教室，狠狠地批评了你一顿：

"怎么能对爷爷这么吆三喝四的呢！"我点着你的鼻子"骂"——我想只有够狠，你才能"怕"。你默默地点头，眼神是闪烁的。看得出来你嘴上虽然不说，但是心里不服气呢！

"爷爷是爸爸的爸爸，爷爷小时候受过不少罪，我们要好好地爱爷爷！"没法子，只能多牺牲一点时间。我摸着你的头，做一番语重心长的教育。

你眨巴着眼睛噘着嘴，轻轻地说："老师，我才在受罪呢！"你说，爷爷的耳朵背，跟他说话不大声一点他就听不见；爷爷吃饭这么慢还常常把饭剩在胡子上，实在有点脏兮兮；最要紧的是，根本不要他来送，但是爷爷每天一早就好像跟屁虫一样地跟着自己，也没有办法啊！

"那也还是要好好爱他呀！"看着你一幅"全天下最委屈的样子"，我是好笑又好气，装作生气地狠狠地拍了你的屁股，做出"没的商量"的专横模样，"不准让爷爷给你背书包，不准对爷爷没礼貌！"

"爷爷爷爷我爱你，就像老鼠爱大米！"机灵的你，对我下了保证书，而我与你的一个击掌倒像是给你贴了一张赦免令。你脚下生风，一溜烟逃走了。

这之后再看见你和爷爷一起来上学，书包已经乖乖地背在了你的肩上。只是你还是快步走在前面，爷爷驼着背跟在后面，有时候还得叫几句：慢点，慢点！你不吼他，但是也不应他，只管自己急急地走着。一前一后的祖孙俩，每天上演"追逐戏"，虽然看着有点别扭但是总算有所改变了。

这样大概有个小半年。我依然经常提醒你要对爷爷好一点呦，你嘴里哦哦地应着，眼神中写的依然是满不在乎——我有点无奈，苍白的说教是无法打动你的，我只能像老和尚念经一样，隔一段时间就把你叫到我面前来念叨一次。

转机出现在新年伊始。新学期，学校里组织了一场百家姓的活动，我们班级布置同学们去寻找家族的光荣历史，探寻祖上的闪亮足迹，然后编辑成一本小书在开学第一课上进行交流。在活动开始的时候，我特地嘱咐你要好好完成采访工作，特别是对于爷爷的经历要去做全面深入的了解。你虽然有点不在意，但还是答应好好地完成这一项任务。

开学的第一天，我又看到了你和爷爷，看到了你身上明显的变化。今天你是和爷爷并排走的，而且你牢牢牵着爷爷的手，与他一边走一边聊着天，看上去一点也不着急，对爷爷慢腾腾的步伐也显得极有耐心。看来，深入的采访真的发挥了作用，"小太阳"也找到了属于自己的光源啦！

回到学校我故意把你拉到一角，装作啥也不知情：

"今天怎么这么懂事，知道照顾爷爷啦？"

"等一下你就知道啦！"你神秘地冲我笑了笑，脚下抹油又溜了。这小子，还跟我卖关子呢！

转眼就上课了，这是一堂关于百家姓的分享课。同学们兴致勃勃地交流自己在寒假中的收获：有的说自己查询了姓氏的起源，知道了每一个姓氏都经历了千百年，能够流传下来都是非贵即富呢；有的说自己采访了家族的历史，知道了在祖上有不少了不起的名人，五百年前和某某姓还是一家呢；有个叫"成功××"的孩子特别兴奋，他说原来他一直觉得自己的姓很少太孤单，现在才知道原来他们的祖先都是北方的少数民族，现在还有一支流转的家族，主要分布在西北一带，他其实一点都不孤单啊！

你一直认真地听着。与以往不同的是，这一次你听得特别专注，有时候又常常陷入思考。我悄悄地关注着你，你会跟大家分享一些什么呢？我心中充满期待。在同学们发言完毕以后，我请你来说说自己的采访心得。

你拿上来的小书鼓鼓囊囊的，好像有什么硬硬的东西顶着。同学们都很好奇，书里面到底夹的是什么。很多同学都站起来，有些后排的同学还好奇地踮起了脚，期待地伸长了脖子。

你高高地举起你的研究成果——竟然是一枚闪亮的军功章。你说，原来只想草率地完成这个采访任务，没想到竟然掘出了一个宝藏。爷爷从大衣柜里拿出一个小木匣，又从小木匣中拿出一沓被手帕层层保护的奖状，最后在一沓泛黄的本子中拿出了一枚军功章。这时候你才知道爷爷不仅是自己的爷爷，还曾经是一名光荣的志愿军战士，他的身上有很多很多惊心动魄的故事。爷爷曾经参加过抗美援朝战争；爷爷身上曾经留下过弹痕；爷爷曾经为了解救战友跳进冰冷的江水，所以才会落下听力很差的毛病和脚上的陈伤……你说你第一次发现爷爷就像太阳神一样神勇，在听爷爷讲故事的时候你的头就像向日葵一样围着爷爷转。最后你眼睛闪亮，自豪地说："我真幸运有一个这样的爷爷。我的爷爷是个英雄，我的爷爷真了不起！"同学们热烈地鼓掌，向你投去羡慕的目光。

我也激动地鼓掌，向你竖起了大拇指。我发现，你的眼神是这样清亮，你的目光是如此有神。在这一次特殊的采访中，你从普通的爷爷身上看到了可贵的光亮。这一束光照明了爷爷的来路,也照亮了你未来的方向。而这一束光,也让你真正明白原来爷爷不仅仅是爷爷,他还曾是一名军人,为国家洒过热血、为战友挡过子弹的军人,一种敬意油然而生,你的态度也自然而然变得恭敬起来……

让小公主走出城堡

萌，你妈妈常常和我聊起你，这让我知道了很多在学校不知道的信息，让我更加了解了你是一个怎样的孩子，让我一直很关注你，由衷地为你感到高兴。

妈妈说，你的出生是她永远的痛。你的妈妈是一个老师，在怀你的时候正在教毕业班。肚子里的你很听话呢，从来没有给妈妈惹过一点麻烦，好强的妈妈一心一意地扑在工作上，有时候连一日三餐都没有好好吃，也就顾不上提供给你足够的营养。一直到妈妈把她的那一届学生带毕业了，她才去医院做各项检查，这才了解到你的发育情况比一般胎儿要慢了不少。妈妈很着急也很后悔，但是已经有点晚了，你迫不及待地要和妈妈见面了，你早产了。一出生，你就十分瘦弱，甚至连吃奶都是过了一周才学会咬住奶头的。后来你的第一次长牙、第一次走路、第一次说话……你的每一个第一次都比一般正常的孩子缓慢，而妈妈在一次次焦灼的等待中变得焦虑，甚至变得有点神经质。

在妈妈的焦灼不安中你也在一点点长大，你读了小学，你的"慢"依然显而易见。握笔时，你总是无法控制自己的手指做正确的动作；写拼音字母，你总是让它们张牙舞爪地爬出格子；练习简单的算数，你在很长时间内都需要依靠十个手指头的帮忙。也许就是因为你的"慢"，妈妈总是忍不住想来帮忙，帮你纠正错误，帮你反复练习，帮你提前做好准备……可是妈妈越是帮，你越是不敢，你对越来越多的事情不感兴趣，胆子也变得越来越小。

你渐渐地长大。你依然慢，但是事实证明你只不过是需要比别人更多的时间，而并不是无法完成。可是，你的胆小与怯懦，却变成一道巨大的屏障，阻碍了你和别人的交流。你不知道自己喜欢什么，不知道怎么和别人聊天，也不知道如何去建立自己与他人的联系，你好像把自己关在一个城堡里，把全世界都关在了门外。

妈妈这才知道，你需要的不是帮助，而是陪伴与信任。在你的成长路上，太多次的纠正已经让你小小的心灵长出了厚厚的老茧，竖起了高高的围栏。妈妈知道，她必须帮你放下畏惧，她小心翼翼地等待着一个时机，希望能够帮你重新建立自信、寻找快乐。

转机大概是那一次给你心爱的芭比娃娃化妆。你热衷于给娃娃穿各种漂亮的衣服，戴各种鲜艳的首饰，然后模拟各种盛大的舞会，一玩就是一个上午，永远不知道疲惫。有时候你还会自言自语，好像有几个角色活跃在你的身上，你沉浸在自己的世界里，谁也走不进去。有一天你在给芭比公主化妆的时候忍不住喃喃自语："你是我的公主，你真美。"

果然，每一个小女孩心中都有一个公主梦啊！妈妈在旁边听到了，马上接了一句，"你也是妈妈的公主，你也非常美"。

"我不行。"你的眼神暗淡。

"你也可以的，你穿上她的服装，比她更美呢！"

"我也可以穿这样的衣服吗?"你的眼睛亮了。

"就是啊!"妈妈把你搂入怀中告诉你,"现在有很多这样的'秀',就是把自己装扮成自己喜欢的样子,你也可以去参加。"

"真的吗?"你兴奋极了。好像梦想已经成真。这是你第一次和妈妈交流自己喜欢的事情,也是第一次对自己期望的事情流露出期待与热切,而这是妈妈期待的你的模样。

"当然是真的,我们现在就可以开始准备起来。"妈妈第一次没有围绕学习和你讨论作业,也是第一次没有给予纠正与建议,而是选择支持与陪伴,并且坚定地告诉你,"既然你喜欢,那就让我们一起来试一试吧!"

妈妈知道每年杭州都有一个动漫节,在这个动漫节上会有很多的人物"秀"。当然以前仅仅只是知道而已,现在你有这样的喜好,妈妈就想带着你去走一次"秀"。

这一次的"作业",你们合作得非常愉快。首先是你挑选好自己喜欢的人物形象——当收集了很多秀场人物的时候,你就发现迪士尼的公主太卡哇伊了,你想扮演的是日本动漫中的战斗女神。虽然妈妈并不知道那是电影中的哪个角色,但是依然选择支持你扮演自己喜欢的人物形象。接下来就是各种准备工作:买服装、买假发、买靴子、买各种配饰……万能的淘宝,很快所有的道具都齐全了。

这是一场让你和妈妈都终生难忘的"秀"——是你们合作的"首秀",也是大胆追求梦想、亮出自己的突破。妈妈承担了你经纪人的角色。所有的道具装在一起竟然装满一个大大的行李箱。你们早早来到了动漫节的现场,发现已经有很多身着奇装异服的人在展示不同风格。妈妈和你也紧锣密鼓,躲到洗手间里开始化妆:戴上紫色的长发套、穿上仙气飘飘的长袍、蹬上过膝的长靴，再戴上假睫毛、抹上一点点口红……妈妈手忙脚乱，而你兴奋异常，两个人一直在洗手间里忙了一个多小时，才整理好闪亮登场。

入场的镜头是妈妈一辈子难忘的。你们刚走进去，就有一个小朋友跑过来说："你好漂亮，我要跟你合照。"于是咔嚓一声，你和她留下了一张合影，你也有了自己的第一个粉丝；如果第一个粉丝让你有点小骄傲的话，那么后来更多的喜爱者就让你有点应接不暇了。你一路往里面走，一路就有各种"人物"过来邀请你一起合影。有帅气的"蜘蛛侠"，有温柔的长发姑娘，也有"哈利·波特"这样全球少年喜欢的魔法师……你慢慢地走入会场，是慢慢地融入他们，也是慢慢地找到自信的过程。

这之后你加入了一个COSPLAY社团，有了更多喜欢这样走秀的朋友，也有了可以跟别人交流的话题，你的社交活动变得丰富起来。有时候你会跟他们讨论扮演的人物形象，有时候你会跟他们相约出去拍照采风，有时候你会在淘×上寻找多个购买道具的小店来个货比三家。一开始凡是外出的活动你都需要带着妈妈这个"经纪人"——其实你是有点害怕跟别人打交道的，但是妈妈并不点破，而且无怨无悔地带着你东奔西走。后来你就跟这些同学熟识了，你再也不需要大跟班了。再后来你竟然不玩这个游戏了，妈妈问你怎么啦？你笑笑说，太幼稚了，不想玩了，我要干点其他有趣的事。

其他的是什么呢？妈妈偷偷地观察，发现你开始借助电商、了解网络经济，甚至学习做中间商。在妈妈眼里，很多事情不靠谱，有风险，但是妈妈没有制止你，干涉你，只是说，试试看，试试看，没关系啊……

就这样，你在妈妈"试一试"的鼓励中慢慢地从封闭的城堡中走了出来，有了自己的社交圈子，也有了自己的主见。妈妈说，其实有时候她很担心，甚至忍不住想要阻止与干预，但是最后终于克制住了想要指指点点的欲望，而选择让你自己拿主意。

是的，试试看，没关系。在这样的无条件的支持与全身心的陪伴下，你慢慢变得自信与从容了，那个胆小怯弱的小不点慢慢长成了独立有主见的大姑娘。想想小时候，妈妈曾经为你的"慢"而备受煎熬，但是现在看看你的样子，妈妈才恍然大悟，慢慢长大也是一个非常美好的过程。

是的，每一个人都有自己的成长姿态。遵循这样的规律，让每一个孩子从容而自由地长成自己喜欢的样子吧！

一个男子汉的恋爱史

有一天，你妈妈悄悄地跟我说，"我家小帅，谈恋爱了呢"。

同为妈妈，我们一样八卦，于是我俩兴致勃勃地分享了各自的观察发现。我在学校是从你的头发上发现了蛛丝马迹。从来不修边幅的你，忽然把头发梳得溜光，发膜使它硬得像把钢刀，走近你身边，还有一股淡淡的香味。妈妈的发现呢，是你每到周末就要出门，到心仪的女生小区去骑自行车。虽然只是一小会儿，但是每一次都是盛装出行。

要不要采取什么行动呢？

我和你妈妈的态度竟然是高度一致的——不要打草惊蛇。懵懂的青春，纯净的喜爱，这一份美好的感觉值得珍惜，不要去惊扰，也不要去引导，静观其变。

这样过了半年。有一天你妈妈忧心忡忡地对我说，不好了，要出事了。恰好我也发现了你的异常之处。因为你的头发不知不觉变得很长，你又不打理自己的头发了。虽然头发长得快成刺猬的样子了，但是你依然不肯理发；岂止不肯理发，你连梳头发都不愿意，每天顶着一个鸟窝来上学。

妈妈说："俩孩子已经反目成仇。有一天两人在玩的时候，为了选三好学生投票的问题出现了分歧。女孩子觉得被利用,男孩子觉得被误解,两人忽然无法对话与交流,友谊的小船说翻就翻,于是一下子就崩了。"

"不爱就不爱,哪里知道由爱转恨了呢!"妈妈一筹莫展地告诉我,"小帅偷偷买了一把裁纸刀,说在必要的时候正当防卫,真怕俩孩子杠出事呢!"

"我得到新的情报,女娃娃在配制一种毒药。"我也是忧心忡忡地说,"准备要泼他个破相呢!"

虽然听起来可笑,什么动刀、泼毒之类的,完全是偶像片当中的桥段,但是青春期的孩子,容易冲动又要面子,有时候还是得小心防范才行。

要不要采取行动呢?

我和你妈妈讨论来讨论去意见高度一致,孩子的事情还是要交给孩子自己去解决。大人要引导但是不能干涉,不能简单处理也不能过渡渲染,还是那句话——以不变应万变。

妈妈在家里默默地收了你的刀,轻描淡写地说,有本事靠嘴沟通呗,拿刀子不是男子汉的做派。

我呢,在学校悄悄地倒了女孩子的"毒药"。我是装作在检查教室卫生的时候从女娃娃的抽屉里找到了这一瓶黑乎乎的东西,我故意笑着说,"这是不明物体啊"。然后眼明手快地就请了一个飞毛腿扔到了垃圾箱——那女孩子对着我的背影翻白眼,但是我还是装成什么也不知道的样子,先把她的作案工具给没收了。

就这样我们两个妈妈联手作战,希望让你们安全度过危险阶段。可是,你和女孩的爱恨情仇并没有这么快就翻篇。

有一天，年级足球联赛正在进行中。你在跑着，女孩在边上看着，本来好好的，忽然你当着所有女孩子的面大声地骂了一句：傻×!

女孩子一想我又没有做错什么，凭什么骂我呀，而且当着所有人的面。这明显是打击报复啊，这还叫我怎么在班级同学面前过啊？于是女孩子扭身跑了，把自己锁在了厕所里，寻死觅活，各种难过。

你呢？完全不在乎，还振振有词：谁让她不好好看足球比赛，谁叫她声音震天响，谁叫她看球赛不专心啊！

一听这话我就看出了苗头，这是用情还深，注意力全在你喜欢的那个女孩子身上啊！希望她看着自己，希望她为自己助威，希望她说自己好……希望都得不到满足，就这样口无遮拦，出口骂人。

我心里觉得好笑，但是知道不能点破。于是将计就计，跟你唱了一出戏：

"臭大脚，踢得这么差，嘴巴还这么臭！"我一脸嫌弃地说。

"哪里，我们班的足球水平不差的，我今天也进了一个球，老师你不能这么说，太伤自尊。"你一脸委屈地说。

"得了吧，就这一点水平，恐怕走不多远的。"我不依不饶，故意捡着他受不了的话说。

"谁说的，不是的。"你忽然像一个孩子一样哇哇大哭起来，好不委屈。

"知道委屈了，知道难过了，知道有些话会伤人啦！"我拍拍你的肩膀，一脸坏笑，话锋一转。

"老师，我又不傻，能不难受么！"你气鼓鼓地说。

"那你不傻，怎么也说这样的话去伤人呢？"

"谁叫她在边上吵人，让我不安心。"

"分明是你自己不专心啊！"

你的脸唰地红了，嘴硬地说："女孩子实在是太麻烦了。"

"男孩子才讨厌呢，一点不知道怜香惜玉。"我呵呵地笑着，"这样的男生只会让女孩子伤心，女孩子怎么可能看到你的在意呢！"

"我没有在意啊！"你继续嘴硬。

"反正是女士优先，这样不绅士、不礼貌的行为在我们班级就是绝对不允许。"

"娇气，一句都不能说。"你撇撇嘴，只能认栽，又不甘心地说，"开始她还拿毒药要害我呢！"

"到目前为止，也没有采取行动啊！而且你看看，你骂她说明什么呢，说明惦记呗！"

"哼，我才不要。"你嘴上说着不要，脸上却分明变得晴朗、柔软。

"如果我是你，听她有这样的一瓶东西，我就要把它当成做好的礼物，跟她说谢谢，然后高高兴兴地收下，这才像是一个男子汉呢！"

你若有所思："这不显得我太没有骨气了吗？"

"不是，这才显得你像一个男人啊！"

你似懂非懂，但是脸上的疑惑已经有所消散，好像一下子领悟到不少人生真谛。

"与女孩子相处，不仅要学会动脑筋，也要学会斗智斗勇啊！"

你抹了一把汗，好像不胜其烦，也好像心中的疑虑都消解了。

"原来女孩子这么麻烦啊！"你求饶似的哀叹一声，扬长而去。

我看着你的背影哑然失笑。不知道你的感情还会不会继续，但是有一点可以肯定的是，这一场带点疼痛的爱恋，一定是让你成长了不少。

我爸爸没回家

那天清晨,我是在教室门口捡到你的——准确地说是被你挡住了去路。你背着书包坐在走廊的中央,看着其他班的同学从你身边经过,看着自己班的同学走进教室,而你就是一动不动,呆呆地看着。

"同学,进教室吧!"我拍拍你的肩膀。

你还是一动不动,眼光穿过我看向远方,仿佛我是透明的。

"同学,晨读时间不在教室读书,我要给你们班级扣分的哦!"我亮出了"撒手锏"。

你一定是看见了我的红袖章,知道我不好惹。但是你略微迟疑了一下,依然还是像一块石头一样一动不动地坐在那里。

这孩子怎么啦?我想伸手把你拽起来。但是你却像触了电一样地推开我的手,坚决地说:"不能进!不能进!不能进!"

尖厉的声音引得过路的同学对你侧目,也把教室里的班主任老师引了出来。难道是老师的惩罚吗?不让你进教室,这怎么行呢?

见我望向你的目光里有疑问,班主任老师把我拉到了一边说:"云云在这里坐了已经有十多分钟。每次我想拉他进教室的时候,他就这样大喊大叫,也不能把他强拖进去,我也正在苦恼,真是一点办法也没有。"

冰冷的地板，倔强的你，无奈的老师。来上学的同学越来越多，凑在边上的也越来越多，有几个好奇的索性伸长脖子站在边上看着。

"那跟着我去检查班级怎么样？"我把你的书包递给班主任老师，让她先把书包放进抽屉，抽空的时候给你家里打个电话，了解一下家里的状况。

一听不用进教室还能戴上红袖章，你立马高兴地站起来，跟着我走。于是我跟你边走边聊：

"怎么不进教室呢？你看其他同学都在认真地早读呢！"我指给你看。教室里面大多数的同学已经进班了。讲台前有一个领读的同学正在大声朗读，其他同学举着书本也都是专心致志的样子。

"我爸爸昨天没回家。"你没头没脑地回答。

"爸爸为什么没有回家啊？"我依然心平气和地问道。

"他们吵架了。"你没精打采地回答。

"他们吵架了你就不进教室啊？"我心想这大概就是你不进班级的原因。但是这是什么逻辑啊？我有点哭笑不得。

"不能进！不能进！不能进！"果然，你坚决地回答。好像在理直气壮地告诉我，这很说得通。爸爸不回家，你不进教室，天经地义。

没办法，看样子解铃还须系铃人。硬让你回教室，你一定还会大喊大叫，那就继续跟着我巡视校园吧！

走到操场的时候，有一只小猫窜进了旁边的草丛。我想牵着你去捡跑道上的纸屑，但是你执意要蹲在草丛边看猫，于是我就陪着你在边上等着。这大概是一只刚出生不久的小猫咪，蜷在灌木丛里，只露出一双眼睛，圆圆的瞳孔看着我们，眼神中有很多防备，似乎马上要逃走的样子。

"你喜欢小猫啊?"

"它的爸爸妈妈呢?"你依然牛头不对马嘴的回答。

"大概也吵架了吧!"我故意逗逗你。

"怪不得它也孤零零的一个人,不回家。"你无限同情地说。

"它是贪玩,你看它是想和你交朋友了呢!"我见小猫咪一直没有逃走,与你面面相觑的样子很有趣,就故意说点让你高兴的话。

你一听果然有了精神,伸手想去摸一下它。小猫咪却像闪电一样躲到灌木丛里,一下子跑远了。

"嗯,它大概回家了。就和你一样,该去上课了。"我站起来,牵起你的手往教室走,但是你却甩开了我的手。显然你还不打算进教室,这可怎么办呢?

上课的铃声已经响了,各班都已经开始上第一节课了,我只能继续把你带到我的办公室。我给你一张纸、一支笔,画画"我的家"。

就在你拿着笔发呆的时候,班主任老师的电话打来了。原来你爸爸妈妈昨晚真的吵架了,吵得很凶,最后爸爸离家出走,一个晚上没有回家,到现在也还没找到呢!当老师把你的情况告诉妈妈的时候,妈妈也急哭了,说想不到两夫妻吵架会给孩子造成这么大的伤害啊!

哎,年轻的爸爸妈妈们,总是以为大人有大人的世界,小孩有小孩的天地,很多时候说话并不注意场合,也不把握分寸,哪里知道很多时候他们任性的言行举止可能给孩子们带来很大的伤害。我看你画画,画面上妈妈好像八爪鱼一样有那么多的手;爸爸好像一根木电杆,又细又长,脚步显得特别大;而你呢,真像一个小木墩,杵在爸爸和妈妈之间,左右都有距离,有点远,但是刚好能把他们的手牵上……

等了两节课，你的爸爸妈妈终于来了，特意牵着手来的——这是之前和他们商量好的功课，让他们必须按照要求做的。爸爸牵着你的手，把你送到教室门口。这一次你没有拒绝，乖乖地走进了教室，好像什么也没有发生过一样。

但是这以后，你每天都需要爸爸送到教室门口，不然就不进教室。我把你的问题说给爸爸听，让他明白你的问题就是他的问题。爸爸长久沉默，脸上的表情很复杂。之后很长一段时间爸爸每天牵着你的手来学校，有时候也陪着上课。

有时候我在校园里碰到你。你和我热情地打招呼，然后我们一起到操场边的草丛去寻找那只猫。

"它是我的好朋友。"你高兴地说。

"它也喜欢和我做朋友。"我也挺自豪。

这是我们俩的秘密，别人都不知道。上一次的逃离事件，我们心照不宣，谁也不提。

就这样爸爸每天护学，整整坚持了一个学期。新的学期又开始了，我在走廊上又碰到了你。这一次你是一个人来的，你背着书包，大踏步地走进教室，就好像什么事情也没有发生过一样……

斗篷男孩

新学期开学的第一天,我让孩子们说说寒假中值得分享的事情。大家都兴致勃勃的,有的说春节联欢晚会有3D效果,实现了多场同台互动,非常酷炫;有的说春节全家躲到了小山村,可以畅快淋漓地玩摔鞭炮,真带劲儿;有的说学习做了富有家乡风味的炸春卷,挺有意思……小家伙们一个个就像小喜鹊似的,唯你把帽子竖起来好像在拒绝收听消息,阴影下是一张凝重暗沉的脸。

"毅,寒假里你是不是多了一个小妹妹啦?祝贺你啊!"我走到你身边,顺手把你的帽子给放下。

"嗯,好的。"你面无表情地回答道,一抬手,又把自己的帽子给戴上了,一副不爱搭理人的模样。

这是在耍酷,还是有心事呢?我觉得有点纳闷,你在我们班级可是"男神"一般的存在,学习好不说,还是一枚暖男。你平时完成作业神速,成绩超好,对于同学在学习上有什么困难总愿意出手相助,也是老师的得力小助手,总之处处都闪光,是典型的"别人家的娃"。但是今天这模样是为什么呢?我有点丈二和尚摸不着头脑,感觉过了一个年,你像变了一个人。

接下来一连几天，你继续走"古怪"路线。不管是上课还是下课，你都戴着帽子遮着脸，仿佛与世界隔绝一般透着冷漠。我好几次悄悄地把你的帽子摘下来，但是一转身，你又变成了"斗篷男孩"，把自己的脸深深地藏进帽衫里，有时候甚至还拿绳子在外面打个结——结挡着脸，遮着视线，一冲眼，就像一道疤痕一样，莫名地给人一种狰狞的感觉，与原来温暖阳光的风格真是截然不同。

不得已，我悄悄地给你妈妈打了电话。妈妈还在坐月子呢，高龄产妇，在生二娃的时候还吃了点苦头。她接起电话的时候，声音是疲惫的，无助的，甚至还带有惶恐：

"当初这个妹妹是他非得要的呢，现在我也感觉他忽然不理人了，好像在生我的气。虽然我已经非常小心翼翼地在照顾他的感受了，但是他好像还是很不满意的样子。怎么办呢？"

妈妈说了不少你在家里的"奇怪"举动：总是一个人关在房间里，总是嫌妹妹太吵，还有忽然坚决不要家里送去培训班，坚持一个人来来回回，但是回来以后又会莫名其妙地发火，实在让人捉摸不透。

听着妈妈断断续续地讲了一些家里的场景，我有点能够理解你的古怪与变化了。一方面你心疼妈妈想早点独立为她排忧解难，另一方面你失落于家里的关爱都转移到了小小的妹妹身上，于是你小小的心眼里充满着挣扎与不服，却没有找到出路可以很好地平衡，就这样"斗篷男孩"诞生了——一顶乌压压的、黑沉沉的帽子，是你的避风港湾，是你的抗议信号，也是你的受伤痕迹。

我简单地给你妈妈提了一些建议。毕竟解铃还须系铃人，妈妈的重心平衡决定了你的内心平静。虽然妈妈现在也很艰难，但是妈妈要学会和你进行必要的交流与沟通。此外，爸爸在这其中发挥一点作用也是必不可少的，毕竟两个男子汉之间的对话，会让现在的你更容易接受一些。

当然，我也得发挥我的作用，让斗篷男孩放下心中的重重困扰，让阳光重新照到你的心里、脸上。我们班级中身为"大娃"的可不少，占了三分之二的比例呢！有经验的"大娃"们，可有不少值得分享的"带娃经验""遛娃故事"以及很多相爱相杀的日常趣闻。在小伙伴们的引导下，你肯定会知道怎么样去做一个暖暖的哥哥，而不是冷冰冰的面具人。

恰好班级有一个习作内容是以"那一刻，我长大了"为主题，又恰好百分之八十的孩子都是在写自己照顾弟弟妹妹的时候，感觉自己长大了，于是我隆重地组织了一次"我长大了"的文章分享会，让同学们分享各种各样有趣的一刻：

有的孩子回忆学着给妹妹换尿布，当抽出那个沉甸甸的"炸药包"的时候，有一种舍生取义的荣耀感；

有的孩子模仿小弟弟吹"鼻涕泡泡"，搓鼻子、扯衣袖的瞬间引爆全场欢笑；

有的孩子则表演和弟弟一起智斗爸爸妈妈的故事，完美的配合以及默契的搭档连连让大家说服气……

在同学们说的时候，我留心注意你的表情。仿佛有一束阳光照射在你的脸上，让你又变得柔软。

"毅，那你的妹妹现在有什么让你觉得特别好玩的地方呢？"

"我妹妹睡觉都会笑的，而且笑得很开心。"

"看来你妹妹很喜欢这个新家，也很满意有你这个哥哥啊！"我再一次掀开你的斗篷，把它压在你的背后。

你犹豫了一下，没有马上把斗篷拉上去。下课的时候，有几个跟你一样刚添弟弟妹妹的同学凑过来跟你交流心得，你似乎忘记了戴斗篷。在手舞足蹈描述的那一刻，你的脸上现出了笑容。

相应的，你爸爸也在家里跟你多进行了几次交流，特别是倾听你的需求，满足你的愿望。

爸爸很机智，故意说了自己的一堆烦恼，然后请你帮忙出出主意。小小的你从来就是一个体谅大人的懂事的娃，在积极出谋划策的时候，你似乎忘记了自己曾经的受冷落的经历，你想用自己的臂膀，欢迎妹妹加入这个新家庭。爸爸特地约定一周跟你下棋打球各一次——爸爸说，"有你就有快乐，陪陪我吧"。你欣然答应，在"陪爸爸"运动的时候，你好像内心也不再有失落与彷徨。似乎，你要和爸爸来一个男人之间的约定，一起来守护家里的女同胞们。

过了一段时间，妈妈又给你买了一套新的运动服。斗篷男孩终于不再把自己藏在帽子里，阳光又照射在你的脸上。

涂鸦人生

人、树、房子测试，这是一个心理学游戏，可以借助绘画来投射内心、家庭。其中，房子象征着亲情以及内心的安全感；树象征着生命能量、成长的支持系统；人象征着自我形象、认可度、价值感、心愿与期望。

一个孩子可以拿着一张画纸自由自在地画，而老师可以凭借画面的布局、结构、位置、形状、线条等各种蛛丝马迹，看到画者的内心世界和他过往的遭遇以及正在经历的生活面貌，读出每一个不同个体的快乐、悲伤、失落、伤痛……最关键的是，作画、看画、聊画的过程，让画画的孩子自然而然地释放了情绪，放下了苦恼，甚至有时候还会有一种恍然大悟的释怀。

这种方式与众不同，也是一种别样的对话方式。有时候成人与孩子的对话总是避免不了说教的色彩，这会让他们反感、抵触、拒绝交流。那么换一种方式让孩子拿出一张纸来涂涂抹抹，然后围绕着图像自然而然地来聊聊，这不是更有意思吗？

有一天，我用这样的方式帮助了一个看上去很乖巧但其实很烦躁的孩子，她的名字叫欣欣。

欣欣，你记得那一段让你苦恼的日子吗？我记得很清楚，因为你的苦恼都明明白白地写在了脸上、挂在了眉梢。你一反常态的安静，总是一副闷闷不乐的样子，上课经常走神、发呆，让人很着急。我常常走到你的身边，摸摸你的脑袋问你有没有什么事情啊，你总是回答没事的、挺好的。但是你的精神越来越萎靡，情绪越来越低落。我忍不住打电话给你的妈妈，妈妈也说关注到了你的变化，猜测大概是哥哥要中考了，全家的弦都绷得紧紧的，你也被这样紧张压抑的氛围给搞得精神压抑，所以才像打蔫的花一样，没有了精气神。

怎么帮助你呢？我想到了用画画的方式。有一天中午，恰好在走廊上碰到你。你依然是像被霜打过一样颓丧，于是我邀请你去学校的心悦屋坐一坐。

我本想和你说说话，但是你本来就内向，不愿意多说。再加上你是一个懂事的孩子，也不愿意给老师添什么麻烦。所以光靠嘴巴聊是没有办法解开你的心结的。于是我想了想，给了你一支笔，说"画画能够让人轻松高兴，不如你想一想如果在海洋里，你和你的家人们分别会变成什么？画出来给老师看一看哦"。

果然，你对这种聊天方式很喜欢，起笔就画了一个有趣的海洋之家。画面上空是朵朵云，中间是层层浪，之下是在游动着的海洋生物——你说这就是你的家人们。我仔细观察了一下，发现有龟爸爸、蟹妈妈、海星哥哥，还有可爱的小丑鱼——那自然就是你啦！不过他们好像都有坚硬的外壳，而化身为小丑鱼的你却只有柔软的身体，不知道这是怎么回事。我继续仔细观察，又注意到一个细节，那就是你自己和爸爸、妈妈、哥哥并不在一个方向，也不在一个位置，他们三个一起往左，而你一个似乎要往右去呢！

这一幅画，其实折射出来家庭里你和家人之间相处的一种状态：你努力与他们融合，却格格不入；你想跟他们在一起，努力的方向却和他们并不一样。你很爱自己的家人，但此时此刻，你却不想和他们在一起，你对这个家有点排斥、抵抗，甚至有点想逃离。

当然，我的分析未必科学，我只是从这些蛛丝马迹中去读你的内心世界——对于我解读的这些，我不会轻易地做判断与评价，我也没有必要跟你多说。我觉得只要陪你聊一会儿天，做一个最真诚的倾听者就可以啦！

"来，向我介绍一下你的家庭成员吧！"我兴致勃勃地拿起画。

"我爸爸不爱动，做事情总是慢腾腾，所以他就是一只大海龟，他可以驮着我们去玩。"你打开了话匣子，"我妈妈在家里横行霸道，自然是大螃蟹。"

"那你们两个呢？"我饶有兴趣地指着。

"哥哥星光璀璨，霸占爸爸妈妈，吸引他们的目光，所以他就是海星啊！"你从来没有像今天这样跟我说了那么多话，"我呢，虽然不起眼，但是他们谁都喜欢我，我跟谁都能做好朋友，所以我就是小丑鱼尼莫喽！"

"你们这一家子还挺有意思。"我仔细端详说，"而且都是人类的好朋友，我们都非常喜欢的海洋生物啊！如果把这一幅画继续画下去的话，那么你们一家人准备做什么呢？"

"他们，要去寻找食物。"你想了想又说，"我觉得，我要去旅行。"

"带上他们，带上食物，你们可以一起去旅行，这样才没有后顾之忧啊！"我提议道。我的建议其实是希望她不要分离自己和家人。

"嗯，好是好，但是我们去哪里呢?"你看着自己的画沉思起来，又问我，"老师，我可以再增加一些风景吗?"

"当然可以，继续画，然后告诉我你们想去哪里收获美景哦!"我继续兴致勃勃地看着你涂抹与介绍。

"也许我们可以去冲浪。"你拿起画笔，又开始涂涂抹抹起来。

画画让你变得轻松、自在。这之后我继续邀请你来画过好几次画，有时候让你画一笔线条，然后相互添加形成一幅新的画；有时候让你画一个表情，然后增加人物与风景，说说一边画一边产生的故事。其实我也没有问你在苦恼什么、心烦什么；我就是陪着你，画一画、聊一聊、笑一笑。幸运的是，过了一段时间，笑容又回到了你的脸上，那个文文静静的小女孩，又恢复了平静和祥和。

每一次画画结束，我都会跟你的妈妈做一些交流。比如，不要忽略你，也不要在家里传递焦虑的信号。必要的时候，可以组织全家人的集体活动，让精神得以放松与舒缓。这样过了半年，你的妈妈成为家里的定海神针，悄悄地调节着紧张的气氛。你的脸上又有了笑颜，而你的哥哥呢，终于也熬过了那一段全家跟着煎熬的日子，上了一所理想的学校。

生活不是宫斗戏

经过走廊的时候,我听到厕所里有啜泣的声音;推开厕门,我看到蹲在角落的满脸泪痕的你。我有几分犹豫,要不要帮你。但终于还是不忍心看着你这么伤心而袖手旁观,于是我抹去你的泪痕把你拥进了怀里。

曾经你是自带光环的孩子。你是班长,你是学霸,你是多少父母嘴里称赞的"别人家的孩子"。学习对你来说确实是一件轻而易举的事情,遥遥领先的你让班级里很多同学都望尘莫及。很多同学都需要花很多时间才能获得好成绩,对于你来说不费吹灰之力似的。

同学们信任你,仰慕你,追随你,从一年级一直到五年级,大家一直众星拱月般捧着你。直到有一天他们发现自己一直在被捉弄、摆布、欺骗,然后才知道原来一直处在聚光灯之下的你竟然还有那么阴暗的一面,于是你由天使坠落成魔鬼,大家都对你敬而远之了。

也许你并不都是恶意,但是你掀起的"惊涛骇浪",已经不是恶作剧那么简单了。

有一次你让一个死党把一枚针藏进"死敌"的帽子里。一连好几天,"死敌"就穿着这件帽衫毫无察觉,直到家人在洗衣服的时候被扎着手才发现。

有一次你派几个小伙伴偷偷地把消毒水倒进同学的水杯里。也是一连好几天，同学只是纳闷有一股怪味道，幸而没有喝下去。一次次觉得奇怪之后，他终于拿去检测了一下，才发现这里面有问题。

像这样的"有一次"还有好多好多，直到报警，一切昭然。同学们受到了多大的惊吓啊，自此以后你的身边再也没有一个朋友。我曾经和你谈过很多次，但是依然不知道你小小的脑袋里，到底在想什么。是什么让你对身边的同学带着这么多的恶意呢？今天这样的场面是不是恰好是打开你心门的一个最好的时机呢？

其实我并不喜欢你，但是我依然不忍心弃你不管。于是我把你带到阳光小屋，决定和你推心置腹地好好聊一聊。

"你不是一个擅长让人哭的女孩吗，怎么今天自己掉眼泪了呢？"我故意跟你开玩笑地说。

"他们冤枉我！"你梨花带雨地说。

"什么事情冤枉你了呢？"我帮她擦去眼泪。心里暗暗叹气，如果不知道她做的那些事，谁都会同情这个"小可怜"的。

"我明明没有偷笔，但是他们认定是我偷的。"你愤愤不平地说。是觉得有人可以给自己撑腰，还是觉得有人可以给自己平了冤情？

"哦！"我的心里五味杂陈。其实关于这一支笔的冤情，我是知道的。正是你把它拿走，又把它放到另外一个同学的书包里，然后告诉第一个同学掉笔了，再帮着他找到了，矛头直指第二个同学。你自以为干得很漂亮，但是你不知道的是因为最近班级发生了太多这样莫名其妙的事情，所以老师在教室里装了一个小小的监控，你的一举一动全部在监控里暴露无遗。

"我知道你很难过。"我可以拆穿你,但是我忍住了。因为我看到在扭曲的行为背后,是你受伤的心。捉弄别人可能给你带来一时的快乐,但是一定是有什么原因让你做出错误的判断,以为只有这样才能获得朋友。所以我选择先安抚你的情绪。

听到我的安慰,你哭得更加厉害了,大声地说:"我讨厌他们!我讨厌他们!我讨厌他们!"

"我知道你这么讨厌他们肯定是有理由的。那么他们到底做了什么让你觉得特别讨厌的事情呢?"

"我明明没有把墨水摔到他们身上,他们却偏偏说是我……从一年级开始,就是这样的,他们太笨了!太坏了!他们活该!"

你的眼神忽然变得凛冽起来,小小的眼眶中与其说是委屈的泪水,还不如说是熊熊的烈火。我一直不多说,而你一直不住地说。你告诉我,你们班级的同学有多么讨厌,而你的怨气就是从一年级一支找不到的水彩笔开始产生的。明明不是你弄丢的,却非得怪罪你,所以这以后你就常常故意去拿同学们的东西,丢了、藏了……你无法掩盖对他们的嫌弃与讨厌,甚至讨厌到在家里的卧室门背后专门贴了一些名字,然后拿飞镖,愤愤地投射。

你说了很久很久,也哭了很久很久,直至放学。末了,你愣愣地看着我,问我:"老师,您怎么不批评我呢?我知道我是一个坏孩子!"

我有点无奈也有点心酸,坦白地跟你说道:"我感受到你很不快乐,而且很不健康。但是我相信,你并不想做一个坏孩子。"

你有点震动地看着我,说:"谢谢您!您比我爸爸妈妈信任我。"

我苦笑,我知道她爸爸妈妈了解到她干了那么多坏事以后也几乎崩溃,他们不知道自己一直以来的骄傲竟然是一颗定时炸弹。

我谨慎地说道:"相比较成绩而言,爸爸妈妈一定更希望你快乐。"

你默默地思考了一会儿说:"也许只有做学霸这一件事情是他们在乎的,除此之外他们并不在乎我在想什么。"

我期待地说:"其实你可以尝试一下,找找能够让自己快乐,同时也不损害别人快乐的事情。而且我们更需要明白,让自己快乐的同时也能让别人快乐,这是一种了不起的本事呢!"

你伤神地回答:"但是我已经没有办法让同学们改变了。"

我拍拍你的肩说:"那我们就改变自己吧!"

这一次谈话之后,我找了你的父母,就你的一些情况跟他们做了一次坦诚的交流。因为在孩子成长的过程当中,他们有无法回避的责任。他们过于在意成绩,过于严格要求,还有过于袒护,所有的一切导致这个孩子既无法正视自己身上的问题,也无法走出小时候留下的阴影。

除此之外,我也建议你的父母给你换一个学习环境。毕竟在一个相互不信任的环境中,你难以正确地摆好自己的位置,也难以得到别人的认同。只有重新开始,你才可以拔掉心中的那根刺。

我知道这对你来说有点艰难,难过书上的那些难题,难过期末的那些考试,但是我也知道这些难题你必须去解答,才能从中真正长大。

穿"盔甲"的女孩

执教二十多年,教了总有近千个学生吧!很多孩子可能已经叫不出姓名,但是与孩子相处的某些举动、言语、神态,会像照片一样刻在脑海里,有时候会不断地播放再现。而你,最让我难忘的,是那件永远穿着的棉背心,那抹让我灼热刺痛的红……

小雨,你是一个安静得几乎被人忽略的孩子,也是一个不需要让人操心的孩子。在很长时间内我几乎没有关注过你,毕竟你的作业总是干干净净的,你的学习总是认认真真的,你就是老师心目中典型的"乖孩子"啊!

直到那一天……

那天很热,虽然刚入夏,但是很多同学都已经穿了短袖。我去教室上课,才不一会儿就已经大汗淋漓。就在这时候我惊异地发现,你竟然穿了一件棉背心——里面是长衬衫,外面是一件毛茸茸的夹克,小脸都已经涨得通红。

"热了,脱掉外套。"我走到你身边,悄悄地说。那时候我以为你是一个"捂热"的孩子,从小都是老人带出来的,更怕冷,能扛热,所以也就不知道冷的时候添衣,热的时候减衣,自理能力要比一般的孩子差一点。

"不热。"你捂住自己的衣服,坚决地说。

旁边的几个孩子都嗤嗤地笑起来。我想,每一个孩子都有每一个孩子的家庭环境,既然你已经适应了,就不要硬生生地给扭过来吧!于是我拍拍你的肩膀,又小声说:"好的,热了记得脱掉。"

"不热。"没想到你回答得斩钉截铁。

"这是怎么啦?"我心里埋下了一个大大的问号。我虽然不多说什么,但是不由自主地关注起你来。后来几天我发现了一个奇怪的现象,不管是天热还是天冷,也不管是周一还是周五,你永远都穿着这一件红色棉马甲。有天体育课回来,我看你满头大汗,想帮你把外套脱掉,当我伸出手的时候,没想到却被你一掌给推开了。

"我不热。"你就好像被马蜂蜇了一样,慌慌张张地走开了。

我站在原地,有点凌乱。这个我心目中一向的"乖孩子"到底是怎么啦?这显然不太正常啊!这么热的天,穿这么厚的外套。

"老师,你最好不要理她。"旁边的一个小男生走过来帮我解围,"我们都注意到了,她这一件衣服已经穿了很久,从来没有脱下来过。"

"什么,很久吗?"我一时反应不过来,不由得责怪自己过于粗心。这是什么原因呢?这件衣服有特殊的含义吗?家里发生意外的变故吗?还是说青春期发育怕自己身体的变化被别人发现,用厚厚的衣服掩盖起来?

一头雾水的我决定去家访一次,了解一下你家中的情况。到了你家,接待我们的是你的奶奶。奶奶告诉我,自从最心疼你的阿太去世以后,你就一直穿着这一件红色的棉马甲,连晚上也不脱掉。家里人怎么劝你都不听,就给你买了很多件同款式的,轮换着穿,这样不觉已经是半年多，也不知道你是怎么啦！奶奶着急地说："现在天都已经热起来了，到了大夏天的时候该怎么办，这孩子脑子是不是坏掉了……"

我怕奶奶说出一些更不恰当的话，就让你回房间做作业，而自己和奶奶随意地拉拉家常。奶奶又告诉我，你是阿太的心头肉，平时都是和阿太睡的，阿太走的时候很安详，你就睡在边上呢！后来阿太下葬的时候他们也没看见你大哭大喊的，就是非得穿上红外套，执拗地不肯换，除此之外，也没有什么不正常的地方。

我很奇怪你的父母怎么会允许你和阿太一起睡，而且这么多年。奶奶无可奈何地说，爸爸妈妈常吵架、闹离婚，平时也不和你住在一起。小时候你跟着阿太住，现在你就跟着奶奶住，反正说什么也不肯跟爸爸妈妈回去的。

我跟奶奶说，那能不能借这个机会，让爸爸妈妈把你接走。奶奶叹了一口气说："这样当然是最好，现在这是在叔叔家，我还有一个小孙子要照顾。叔叔虽然很喜欢小雨，但毕竟这不是她自己的家，而且我也老了……"

听完奶奶的一番话，我已经大体明白了。这一件红马甲，是你对阿太无言的思念，也是你对父母无声的抗议。这一抹鲜红，是你心中多大的伤痛啊！你没有办法用言语来表达，但是这一件红红的马甲，不就是你的一封紧急求救信吗？

解铃还须系铃人，我决定找你的爸爸妈妈深入聊一聊。可是还没有等我约好跟他们见面的时间，有一天傍晚你爸爸就忽然打电话过来说："小雨失踪了，找不到了！"

失踪？我一想到你那触目的红马甲，还有你那断然拒绝的眼神，心里立马有一种凉飕飕的感觉。我马上发动所有的老师一起找，一拨人去派出所，一拨人去你上下学必经的通道，再有一拨人去附近的同学家了解情况。在寻找的过程中，有老师告诉我，那天你有一个很怪异的举动。上午有一个艺术抽测，那是全区的一个大活动，你们班级接到了这一个任务，要求画一幅美好的家乡图。你觉得自己画得很不好，当场就把画给撕了，而且坚决不肯重画，最后连监考老师也拿你没办法，只好按照白卷上交。

家乡？红马甲？我一时难以把这两个事物联系起来，但是我知道画画的举动肯定又触动了你内心最柔软的一个角落，就像"最后一根稻草"一样会把你压垮。这么一个乖巧的孩子，却一直没有得到父母正常的关爱，最后连自己最爱的阿太也离开了自己，这会不会让你觉得自己可有可无、无足轻重，活着没有什么劲呢？我被自己的联想吓得毛骨悚然，赶紧打电话给派出所的朋友，把你上下学经过的河边好好地再搜索一下，看看会不会找到你的身影。

万幸，晚上9点，派出所通过查找监控，在河边找到了你，你一直在河边晃悠，从下午到天黑。我赶到了你家，看见你爸爸妈妈都在。爸爸正在一个劲地问你，这么晚了不回家，你在河边干了些什么，你在想什么呢？你到底想做什么啊……

你并不回答，我知道，你也不愿意回答。于是我跟爸爸妈妈说你肯定很累了，赶紧搞点吃的，好好地睡一觉。

大家安顿好你以后，我找了一个安静的地方和你爸爸妈妈长谈。一开始他们抱怨你的古怪，后来他们抱怨彼此的隔阂以及家中各种鸡毛蒜皮的小事。总之，他们并没有感觉自己有什么错，只是抱怨总是有各种的麻烦。而今天，你也成为他们的一个"麻烦"了。

我很心疼孤军奋战的你，当你披上红色"战袍"时，却没有一个人认为你在努力，你在呼吁，你在战斗。父母本该是最懂你、最支持你的人，但是我看到此时此刻，他们却和你相隔千山万水，无法抵达你的内心。

但是我不能袖手旁观，我必须和你站在一起。于是我跟爸爸妈妈分析了你这些现象背后的种种诉求，以及可能带来的极大危险。最后我建议他们，必须把你带回家，做到不在你面前吵架、指责，也不在你面前相互抱怨。

年轻的爸爸妈妈似懂非懂，但是他们答应为了你努力改变一下。第二天你回校了，依然穿着那件红马甲。我知道伤口很难一下子抚平，所以我不再强烈要求你把红马甲脱掉，但是悄悄地提醒同学们，早早地打开空调。

再后来，你毕业了。一直到毕业前夕，你都穿着那件衣服，在拍毕业照的时候，因为你坚决不愿意换衣服，也不愿意因为自己不一样的衣服影响班级，所以你没有来拍毕业照。再后来，我就彻底失去了你的消息……

现在每当夏天来临，我就会不由自主地想起那个一直固执地穿着红马甲的你，想起你倔强而受伤的身影。

小雨，你长大了，你的红马甲还在吗？

我的心里，永远忘不了这一件红马甲，忘不了你发出的这一个"SOS"信号。我很遗憾，当时的我能帮到你的太少了。但是我相信，时间可以冲淡一切。

亲爱的小雨，现在的你是否积蓄了足够的力量，学会照顾自己了呢？

第三篇章

每次相遇,都蕴含着契机

对话无处不在。是信手拈来中的小确幸，是短兵相接时的大胸怀，也是直面冲突那一刻的温柔而坚定。当大人"小"下去时，孩子就"大"起来了，与每个独一无二的你牵手，共赴美好的星辰大海……

生啦生啦

午间小憩，阳光灿烂。大操场的草坪上，孩子们三五成堆做着游戏；有的三三两两散着步；有的趴地上看着书；有的背靠背聊着天。一个小鬼头摊开手脚晒太阳，和扔在草堆里那些花花绿绿的衣服一起变成了地毯上盛开的一朵朵花；还有一个小调皮冲着我做了一个鬼脸，然后就像多米诺骨牌一样往后倒去，后面一排的孩子也跟着像着魔一样，呼呼啦啦地全躺到草坪上，震天的笑声都快把教学楼的楼顶给掀翻了……

我就这样欣赏着风景，走进这美好的风景之中。走着走着我看见正前方的小篮球场上，有几个男孩子在嘻嘻哈哈地玩闹着。其中一个把篮球抢过来，见怎么也突破不了防线，索性一不做二不休，以迅雷不及掩耳之势，"呼啦"，把篮球塞进了挡在自己面前的男孩子的衣服里，还紧紧地拽着他衣服的下沿，形成了一个圆形的口袋。看来无论如何也是挣不脱的，这可怎么办才好？只见那被攥着衣角的小男娃并不恼，索性插着腰鼓出肚子，做出蹒跚困难的模样，惹得周边的几个男孩子围着他哈哈大笑。

不觉我已经走近了他们身边，饶有兴趣地看着。那个戏精上身的孩子并不知情，依然卖力地表演着，简直要把大肚子顶上天啦；边上几个"吃瓜群众"悄悄地退到了两侧，捂着嘴巴偷偷乐着，留出了一个大大的舞台；我就索性沿着大家让出的路线，一直走到了中间。

"小孕妇"正转着圈呢，一转身看见了我，眼珠子一下子瞪大了，双手情不自禁地捂住了嘴巴。

"吃瓜群众"已经笑得前仰后合了。而那个使劲地拽着衣服的同学见风使舵，脚下抹油般地逃到了边上。

我指着"小孕妇"的肚子，大惊小怪地喊道：

"生啦！生啦！"

原来，这个被按了暂停键的"小孕妇"一时之间忘记了拿手拉紧宽大的上衣，大肚子一下子好像被谁掏空了一样，球从他的怀里滚了出来！

"吃瓜群众"一边笑一边像触了电一样纷纷向后退去。

我截住了球，把它扔给旁边笑得最开心的"大高个"：

"来来来，抱着！抱着！"

"大高个"身手敏捷，果然稳稳地把球托在了手里。只是他一时反应不过来该拿这个球怎么办，只是乖乖地抱着，还真像爸爸护着小婴儿。他那憨憨的模样一下子吸引了大家的目光，操场上的笑声又像炸雷一样惊天动地。操场简直就是一个欢乐的海洋。

还是"卸了货"的"小孕妇"机灵。只见他几步上前抢过篮球，大喊一声：

"我的！我的！"

然后他敏捷地抱着球，冲向篮球场。一个箭步、一个远投，球像得了指令一样，在篮筐边上犹豫地停顿了几圈，竟然进了！

"好！好！"

"吃瓜群众"摇身变成了"啦啦队员"，争先恐后地跑向篮球场。那个刚才脚底抹油的家伙这会儿也不甘示弱，第一个把球截断了下来，往自己这边的方向迅速奔跑着……

"好！"

看来一轮新的比赛又将开始。而我呢，欣赏完一出好戏，继续做拉拉队员，去给他们呐喊助阵、加油助威去喽！

春游墓地

又一个春暖花开的日子，正是踏春郊游的好时光。恰好学校里也安排了春游内容，我于是就先跟同学们聊一聊如何组织这一次快乐的踏春行动。

趁着午休的时候，我就给孩子们抛出了这个话题：

"相信大家已经心心念念春游了。春游目的……"

我话还没说完呢，角落里就有孩子愤愤不平地喊了起来：

"啊，春游——墓地？"好像不可置信又似乎心有不甘，听声音好像有千般怨万种不情愿。

"当然，春游，有——目——的！"我也不知道这孩子是咋的了，怎么还讨厌上春游了，我还没说目的呢，就这样自我放纵，难道春游可以随心所欲吗？于是我又再次强调，春游有目的，玩呢是可以的，但是不是唯一的。

"老师，春游，游——墓——地！"你好像不敢相信地再次大声确认了一遍。

"没错，春游肯定有——目——的！"我也一如既往地坚持着。

你看同学们都一脸欣悦的样子，只得认输般泄气道："怎么，你们都没有意见吗？好吧，游墓地就游墓地呗！"

"当然，春游必须有目的！"我坚定不移地回答。

"同意！"其他同学唯恐天下不乱，跟着大嚷起来。

"好吧，春游墓地。"你一副生无可恋的样子："那不就变成扫墓了嘛！"

啊？同学一脸懵。

嗯？老师也是一脸困惑。

隔了好一会儿，大家才恍然大悟，此目的非彼墓地，原来你是直接把目的理解成了墓地，所以变成了扫墓了啊！

大家一阵欢笑，一致决定：

"我们春游目的——游船赏景，你呢，春游目的——祭拜。"

"就这样，这就是你与众不同的目的！"

"啊，不要！不要！不要！"

你深深鞠躬认错，在大家的哄笑声中狼狈而逃，终于明白自己"误入歧途"啦！

见鬼的香蕉

晨读时,我静静地坐在讲台前面看着大家。这时窗外的一缕阳光悄悄地溜进教室,爬上一两个同学的衣角、面庞、眉梢,亮晶晶的光芒逐渐布满教室,既柔和又明亮,让人就好像含了一颗巧克力口味的棒棒糖一样,甜滋滋的。

忽然有一道旋风刮进了教室,当桌椅发出一阵惊天动地的"控诉"之后,教室里忽然炸起了一声雷:见鬼,香蕉!

接着那根香蕉就好像一块被诅咒的抹布一样被扔了出来。周围的同学见状,像见了鬼似的,纷纷露出嫌恶的表情躲避。

香蕉很是识趣,在空中划了一道美丽的弧线,乖巧地落在了我的面前,大概也希望我替它主持公道。除了表皮有几颗黑黑的小豆点之外,它看上去还很新鲜;何止新鲜呢,简直可以称得上健康,通体黄灿灿的,身材鼓鼓囊囊的,味道应该也不赖吧。它静静地躺在地上,估计自个儿也觉得挺委屈的:我这是招谁惹谁了,明明是大家的课间水果,为什么却如此这般不受待见呀?

教室里忽然鸦雀无声,就像有一个收声器一样,刚才的琅琅书声一下子跑得无影无踪。同学们脖子就像被一根绳子紧紧拉着一般,都整整齐齐地对着一个方向,目光大概被强力胶粘上了,落在那个香蕉上一动不动。

我捡起了那根香蕉,让它像一个小人似的立在手心里。大幅度地左看看、右瞧瞧,最后晃着它,指着它,发出一声叹息:哎,你这个鬼!

全班一阵爆笑。这时候你已经放好书包坐下了,虽然眉头依然紧皱,但是显然认同这是一个不祥之物,所以你也笑,使劲地点头。

于是我走到了你的身边,又说了一句:"不过我认为它是个冤死鬼,是你的替罪鬼呀!"

"什么鬼,我才冤呢!"聪明的你显然是听懂了我的弦外之音,但是气急之下的你是不会买我的账的。就像是一个火药桶,你是不点也能爆炸的脾气。对于刚才的举动,你不仅觉得很可以,而且也很合理呢。

其实对于这根香蕉的前世今生,我可清楚得很呢。这根苦命的香蕉昨天掉在了你的桌缝下,同学好心捡起来放在你的桌上,当时你就气炸了,说自己明明已经吃过了一根香蕉,不需要这多余的垃圾,同学建议你还给食堂,或者送给其他没有分到以及还想吃的同学,但是你嫌太麻烦于是就把它直接扔在了教室后面的垃圾桶里——你忘了教室里的垃圾桶是要进行正确分类的呀,厨余垃圾怎么可以扔在其他垃圾桶里呢?于是有同学就把它捡了出来,又放回到你的抽屉里。而你现在一看到它除了气它"阴魂不散"之外,并不知道其实问题的根源就在于自己。每次怒火一上来,你不仅把自己烧得面目可憎,还把班级捣得没有安宁。也许此刻你内心知道自己做得不对,但是死撑面子的回应之语就像掷出去的石头一样梆梆硬,怎么给你一把梯子让你能够顺杆子下来呢？

我更走近你，看看香蕉再看看你，端详了半天，又叹息说："嗯，你和它都挺冤，你们是难兄难弟。"

全班又发出一阵欢笑，你也算心平气和。一朵阴云悄悄散去，阳光又在教室里灿烂地洒落了。

这时我面对大家说："我给同学们讲一个笑话吧。有个小朋友在学校里不开心，回到家就狠狠地踹了身边的一只猫；猫受到了惊吓逃走时抓伤了小弟弟；小弟弟疼痛不止，把奶吐到了妈妈身上；妈妈心烦意乱，把在做作业的小朋友打了一顿……"

"踢猫效应！"一个机灵鬼大声地喊出来。

"没错，一不小心我们都有可能是那只——冤枉猫！"我笑着对你说："此刻的你，此刻的香蕉，还有我们，大家都是难兄难弟哪！因为就在刚才，我们每一个人都不知不觉被一种坏情绪俘虏了。怎么办才好啊？"

同学们面面相觑，现出一副很为难的样子。教室有片刻的寂静，就像一片空旷的原野。过了一会儿，你忽然像一个英雄一样挺身而出，大喝一声："我知道！"

只见你三下五除二，把香蕉剥得光光溜溜。然后就像铲土机一样，一口，两口，又是一大口，把香蕉消灭得干干净净。

也不知道是谁带的头，教室里忽然响起掌声来。先是稀稀拉拉的，后来就变成擂鼓齐鸣似的，每一个孩子的眼睛都闪亮闪亮的，像星星一样。

教室里亮亮堂堂，犹如雨后初晴，还有一道美丽的彩虹。

来，打一架

　　有一个孩子的毕业留言让我印象深刻。他说：转眼小学毕业了，回过头去想一想，最遗憾的好像是从来没有打过架……

　　这个孩子也许写的是"凡尔赛体"，夸耀自己是一个懂事的孩子，夸耀班级是一个有爱的集体。但是，一个男孩成长为一个男人，不打一场架，确实有点小遗憾。作为一个对学生高度负责的老师，我是绝对不允许这样的遗憾存在的。有一天，我就制造了一起"打架事件"，让一次斗嘴变为一场格斗，把两个小哭包变成了男子汉。究竟是怎么回事呢，说来话长……

　　你们两个可以说都是我的得意门生。一个聪慧，凡是上课有什么别人难以接招的问题，你总能接住；一个好强，拿个第三名都要自责半天，文章中真实地记录自己的感受是没考好，天好像也随之阴沉下来了。

　　课上，你们是我们的"左右护法"，搞气氛、导思考、战辩论，都是得力干将；课下，你们也是我的门面担当，优秀作业、范读作文、挑战任务，从来没有让我失望过。别人都说"强将手下无弱兵"，说起你们，我自然也是一脸光彩。

这一天依然不例外。课堂上,你们你一言、我一语,思维就像焰火一样迸射,让学习的深度一浪掀过一浪,在我毫不吝啬的表扬中你们收获着大家的惊叹与赞美。但是在我给你们分发能量币(鼓励同学们上课好好表现的荣誉兑换币)时,你们忽然怒目圆睁、龇牙相对,就好像两只红了眼的大公鸡:

"我应该得十星!"

"我才应该得十星!"

"你不配最高奖励!"

"你才不配!"

"你这个垃圾!"

"你这个蠢货!"

一开始我没当真,想都给你们十星平衡一下;但是显然局面不在我的操控中了,你们两个人争着争着,忽然对奖励都不感兴趣,开始互相进行人身攻击,以至于动手撕扯了。

突然之间的撕扯让我有些束手无策。一开始我想对你们各自用道理说服一下就好了,但是我马上发现,这时候再多的道理,都已经显得苍白了。你们就像两头小公牛一样,恨不得把对方的胸口撞出一个血口才痛快,才解气,才满意。

混乱中,我忽然明白,你们一直以对方为竞争对手和最大敌人,这也让你们的压力就像滚雪球一样越滚越大,当这个雪球大到快要把自己碾碎的时候,只能奋尽全力把它扔出去。而我,无疑也是其中帮助雪球越滚越大的一个推力,当我毫无知觉地把你们作为相互比较对象的时候,你们已经在内心撕扯,今天终于忍不住要干起架来了。

说到干架,我又有些忍俊不禁了。这两个学霸显然并不知道该怎么打架。除了推推搡搡之外,你们只会用一堆鼻涕与眼泪来助阵,每一个人脸上都现出十分委屈和痛恨的模样,但是你们的情绪却没有得到及时的宣泄。看到这么尴尬的一幕,我忽然想起刚刚学过的《小兵张嘎》的片段,你们对其中的比赛规则与比赛过程如数家珍,不如让你们现场练练,宣泄一下情绪也好。

"别吵了。"我站在你们中间,忽然大吼一声。

你们从来没有见过老师用这么大的嗓门说话,就好像河东狮吼,一下子愣住了。可你们动作虽然停止了,手臂还纠缠在一起,一副不依不饶的样子。

"这样吧,"我把你们的手各自搭到你们的腰间,"你们摔跤比赛,三局两胜,谁赢谁就得到最高荣誉。"

啊?这样也行啊?同学们一脸唯恐天下不乱的表情,纷纷退到两边,观战。

摔就摔!俩人一抹眼泪,恨恨地点头,不问老师为什么出这么一个鬼主意,也不说自己从来还没有做过这样"大逆不道"的事情,想着与其在嘴仗上不占优势,还不如动手干一架来得酣畅痛快。

于是我模仿着小兵张嘎当中的语段,把要求跟你们简要地做了明确,不能踢,不能咬,谁把谁先摔到地上,谁就算赢。

你们两个摸索着开始打起来。一开始两个人都是远远地拿手去捞打对方一下,就像老鼠一样溜得远远的。慢慢地你们两人的胆子都大起来,不知道是哪一个先冲上来抱住了对方的腰,想把他掀翻,哪知道另一个也不是省油的灯,也像铁桶一样紧紧地勒住对方的腰,然后两个人就密丝严缝地搂在了一起,简直是要好得不要不要的。

"加油,加油!"周围的同学们都开始起哄,大概是想着明明是让

111

你们做"仇人"的，怎么比恋人还难舍难分呢。真让人着急啊！

这时候其中一个忽然想到了要用脚帮忙。于是"缠绕功"开始发力，这个脚盘过来，那个脚绕过去，跌跌绊绊的，两个人好像在玩金鸡独立一样。

"摔啊，摔啊！""吃瓜群众"着急地在边上指挥着，跟着他们左右移动，也不知道是谁的脚向前勾了一下，两个人一起摔在了地上，身体还紧紧地缠绕在一起。

"哈哈哈哈"，同学们在周边笑得肚子都疼了，有好朋友上前，把两根紧紧拧在一起的"麻花"给拆解了。这两根"麻花"好像才刚出炉似的，仔细看，每一根还烟雾腾腾的，那是源源不断的汗珠和热气冒出来了啊。

"怎么样，分出输赢了吗？"

我大声地问同学们，大家使劲地摇摇头。

"那么，要不要再来一局呢？"

我不怀好意地再问，同学们使劲地点点头。而你们呢，好像对于刚才的争论已经忘怀了，各自甩甩头，不想干架了。

我把拳头指向你们，做成一个话筒的模样，笑嘻嘻地说道："那我采访一下你们，当学霸吵架和当学渣打架，哪一种感觉更好一些呢？"

你们两个你看看我，我看看你，忽然不好意思地笑了。

我分别跟你们握手，由衷地说："祝贺你们，通过刚才摔跤的验证，你们已经变成真正的男子汉啦！"

同学们起哄地欢呼，两个小伙子绯红的脸好像在发光。大概是借着刚才用力摔打的过程已经充分地宣泄了情绪，这时候的你们已经平静下来——准确地说，体力不支了。无须多言，你们不想吵了，也知道争得没有意义，拼实力继续干呗。

对，各自蓄力，江湖再见！

以毒攻毒

"老师，你敢打我吗？"

人高马大的你侧着身、斜着眼指着我，挑衅地问。和近一米七的气焰嚣张的你比起来，我根本就像只小鸡一样微不足道。

"打不过啊！"我实事求是地说。

我离你两米远站着，不卑不亢、不急不躁。我知道，你最希望把我惹怒，我越生气你就越得意，我自然不能上你的当；我知道，跟你苦口婆心是没有用的，因为我跟你讲一百个道理，你能说出一百零一个理由，我还未必说得过你。此外我还知道，今天我必须"降服"你，不然你还会在班级闹出更多的幺蛾子来。

"当然，我也不敢打。"我继续实话实说。我知道你最喜欢和老师抬杠，也常常惹毛老师。有一次把体育老师惹火了，老师把你拉出了队伍，结果你不依不饶，又哭又喊地申述老师打人，不讲道理的你倒像是受了天大的委屈一样，不仅让老师哭笑不得，也是尴尬得不行，所以大家都知道你是一个碰不得的刺头。特别是耍赖的本事，简直跟社会上的"老赖"有得一拼。小小年龄，却沾染了不少社会气息，也正因为这样，你才会这么肆无忌惮地挑衅。大概你是因为之前尝到了不少甜头，所以这一次也准备如法炮制。

不得不说，在班级里总有这么一两个让人没办法的孩子，总是会把大家共同尊重的规则看成是玩笑。也许是因为家长的溺爱，也许是因为认知的偏差，还有也许是其他更多更复杂的原因吧，反正他们的使命就好像是专门来气老师的。有时候老师肚量大一点也就原谅了他们，但是长此以往，这些孩子反而越来越嚣张跋扈。但是如果放任他们这样，对于尊重规则的孩子显然也是不公平的。

那么你今天到底做了什么藐视规则的事情呢？

这还得从我手上没收的卡片说起。最近班级的男孩子爱上了集卡游戏，痴迷到上课都在玩卡片。听几个男孩子说，集满了十二张不同人物的卡片，就可以到超市兑换礼物。本来我也没有想太多干涉男孩们的游戏，但是你却在班级中搞起了强买强收的勾当，把你不需要的卡片高价卖给其他同学，把你想要的卡片又硬生生地从别的同学手里抢过来，俨然成为班级"一霸"。很多同学都到我这里来告状，而我也亲眼看到你在课间的肆无忌惮。忍无可忍、无须再忍，今天你在上课时还在得意忘形地盘点自己的劳动成果，对周围的同学做出炫耀嘚瑟的表情，于是我毫不犹豫走上前去、一把抢过了你的卡片。结果可想而知，你又开始耍无赖。

哎，说到无赖，我也真是无语。大概是自恃聪明，加上得意于平时成绩不错，对于自己做的这些出格的事情，你一点儿都不会觉得难为情、对不起、不应该，而是一而再、再而三地以贪得便宜而自豪。

此时此刻，你硬是想从我的手里抢回卡片，因为你知道，我不可能打你！别人不敢的你都敢，别人尊重的规则你总想找个漏洞。

"不过，你敢打我吗？"我站在两米远，把那几张卡片撕得稀巴烂。

"老师，那是我的！"你显然没有想到我来这一招，着急地喊起来。

"那又怎么样呢？"我把一把卡片都撕得粉碎，还你一个挑衅的眼神："要不你过来打我吧！"

"老师，你耍无赖！"你有点气急败坏。看着自己的卡片在我手里变成两半、四半，最后变成一小片。

"无赖对无赖，很配。"我点点自己，又指指你。

"我要到校长室告你！"你当然不可能打我，也不能拿回自己的卡片，就咆哮起来。

"好呀，我们一起去！"我走过来，说："最好找一家新闻媒体，让大家讨论一下现在学生到底是怎么样对待老师的，有没有起码的尊重与规矩。对了，最好把你的爸爸妈妈也叫来，索性我们好好地来评一评理！"

我看你现出惊愕的表情，心想，做戏就要做足，今天就跟你杠到底。于是我又走到你的课桌前，丢出你的铅笔盒："打碎了，我赔，我高兴。"

继续飞出你的书包："告状就告状，跟不讲理的人讲什么道理，切！"

你捡起自己的铅笔盒、书包，落荒而逃。

奇怪的是，自从这件事情以后，你在我面前变得特别老实——再不敢没皮没脸地要求特权，也不敢无所事事地贪小便宜，更不敢跟老师挑刺斗嘴。总之，你好像忽然一下子变了一个人。不仅如此，你在其他老师的面前也显得恭顺很多，像一下子长大了似的。我并不知道在你身上到底发生了什么，但是看到你的目光变得柔和、温暖，也常常觉得挺神奇的。

很多年以后,当我再次跟你聊起这件事情的时候,没想到你还记忆犹新,仿佛那一幕历历在目。你告诉我就是这一件事改变了你许多。

我不解追问:"为什么忽然之间就变得懂事了呢?"

你哈哈大笑说:"因为我在你身上看到了自己原来是这么讨厌,这么可怕。讨厌得让我不能接受,可怕到我必须远离。所以我再也不愿意接受那个自己,就把他扔在那里了。"

我装傻继续问:"真的有那么讨厌吗?有那么可怕、那么严重?"

你求饶地解释:"是我自己太恶劣了,都是我的错!"

我俩一起捧腹大笑,彼此和解。我原谅了你的放荡不羁,而你原谅了我的简单粗暴。

其实这一件事对我来说也深有启发,因为这是我唯一一次"暴力执法"。大多数的时候我都是和颜悦色的,但是这一次我把一个"独门密招"给逼出来、用起来了,而且效果奇佳。这不是倡导"简单粗暴"的教育,而是呼唤"随机应变、因人而异"的做法。不同的孩子需要用不同的办法,有时候"不讲理"也是一个好办法,这招就叫作——"以毒攻毒"!

孩子，别着急

　　走廊上跑来一个孩子，接着又追来一群孩子。他们嬉闹着、追打着、尖叫着，不知不觉堵塞了通道，撞到了我，撞翻了我手里的书。

　　我有点生气，让他们先全到旁边站好。然后一边捡起散落的书本，一边抬头问他们为什么在走廊上跑得那么快。

　　"他们要来打我！"你抢着说。

　　"是他先打我们的！"另外几个孩子毫不示弱，异口同声地反驳。

　　我不作声。目光扫过每一个同学，眼神中带着严厉。这帮"皮猴子"，明明知道走廊上不应该打闹还这样肆无忌惮；明明应该先向老师道歉却一个个还在推卸责任；明明只要说声对不起就能够让我放行……

　　我正寻思着怎么"教训"一下他们，还没开口说话呢，哪知道你先下手为强了。

　　"我是冤枉的！"声音惊天动地，就好像山洪决堤、楼房垮塌，好像要让全世界都听得到这里有天大的冤情呢！

　　旁边看热闹的孩子越聚越多，你像得到鼓励似的，声音越发响了，身体也像被振动仪撞击了一下，猛烈地抖动了起来。

这下我的目光一下子都聚拢在你身上。只见你哭得很卖力，泪珠就像泉涌一样从眼眶喷薄而出。因为突然的情绪失控，你的脸也一下子涨得绯红，脸蛋上的两块小肉肉都激动得抖动起来，像恨不得也替你鸣冤抱不平似的。

我心里不怒反乐，心想这家伙到底是真受了委屈呢还是表演过猛了呢？不管怎么说，既然你这么投入地"表演"，我自然要"奉陪到底"喽。

于是我不再多说，邀请所有的孩子一起到我的办公室。其他几个孩子一看是走进了校长室，就好像被点了魔法，脚步轻得好像装了猫爪上的软垫子，动作拘谨得好像都被捆了手脚。但是你不受干扰，继续大声地哭着，不停地念叨着，好像只有这样冤情才能够平反一样。

我心里暗自好笑，但是我还是让你把戏做足。于是我给你们一人一张凳子，一杯水，先想一想刚才的奔跑有没有什么问题。我也没问什么事，也没说是谁的错，就让你们自己先想一想。其他几个孩子一开始有点发呆，后来见老师挺和气，便安静下来了，喝了口水，脸上现出笑意，识趣地不再辩解，相互地看看，然后都不再把矛头指向你，而选择承认自己的错误，还说这样跑不安全，以后不能这样跑了。

我点点头，看看你。你是唯一一个不愿意坐下的人。你的情绪显得更加暴躁，声音反而更加高了几个分贝："你不相信我吗，他们欺负我！"

我笑笑，说："看得出，你受了委屈。那么现在你要怎么做呢？要不你往他们脸上一人揍一拳如何？"

你摇摇头。

"那么你只是想告诉我你受委屈了对吗？"

你使劲地点头。

见我并没有要针对你、着重批评你的样子，你的声音平和了，眼泪不知不觉也收回去了。

"那么，这样吧，他们几个先走，我要慢慢听你说，你到底怎么被他们欺负的，好吗？"

其他几个孩子马上领会了我的意思，认真地向我道了歉，然后悄悄地离开了办公室。而你呢，似乎有几分得意，因为我给了你一份特权，可以倾诉委屈呢。

我给你拉了一张凳子，和你面对面。然后笑着说：

"现在只剩下我们两个人了，你受了委屈只管说吧，要说清楚哦！"

你没想到还有这么大的福利，于是真的开始絮絮叨叨地说起来了。在你说的过程中，再一次印证了我的猜测。你的暴脾气总是会忍不住激怒其他同学，而一点就着的性格又常常使你成为众矢之的。你想跟大家玩，但是常常玩出火来，可你不会灭火啊，于是你和同学之间，常常上演"火拼"大戏。不过我并没有拆穿你，我也没有说你哪里做得不够、不好、不得体，我只是在你说的时候点点头、笑一笑。

一开始你说得声嘶力竭、义愤填膺，似乎全世界都是你的仇人。可是，说着说着，你自己也发现没有什么天大的委屈，有几处说到追打中自己得到的胜利，竟然还得意地笑了，不好意思地挠了挠头皮，似乎感觉自己也占了一些小便宜，不算是完全吃亏啊。

看你平复了心情，我点了点头，追问道："现在老师知道怎么回事了。大体上你们还是在玩属于男孩子的游戏，中间你吃了点亏，但是也有自己的小胜利，对吗？"

你骄傲地点点头，似乎忘记了要分胜负，也忘记了要讨回公道这回事。

"那么，你现在还需要老师为你做点什么吗？"

你又认真地想了想，摇了摇头，这才想起早就上课啦！

你挠了挠头皮，忽然很有礼貌地说：

"老师，我可以走了吗？"

我点点头说："下次受了委屈，先不要着急，找老师或者自己的好朋友慢慢说，好吗？"

你用力地点点头。

我把你送到办公室门口，再一次提醒你：

"那么，你最后有没有需要跟老师说的呢？"

"老师，对不起。谢谢。"你忘记了自己的"冤情"，但是没有忘记自己刚刚把我的书本撞飞在地上。这时候你好像大梦初醒，赶紧向我道歉。

"以后记得，都这样做，可以给自己减少很多麻烦哦！"我笑着，和你握一握手。

你认真地点头，接着一蹦一跳、欢天喜地地走了，就好像什么事情都没有发生过一样。

我看着你的背影，知道以后这样的事情一定还会发生，但是期待你能够换一个方法去对待。

没错，对于一个情绪容易失控的孩子来说，他需要的不是讲道理，而是倾吐。一次两次可能没有效果，十次二十次地强化，孩子就能够真正明白，大喊大叫解决不了问题，心平气和更能够把事情处理得得体、到位、圆满。

对不起，我的错

饭后四十分钟，是学生午自修的时间。

走过每个班级，看到各个班级的同学们，有的在做作业，有的在听音乐，有的在看书，都是井然有序的样子。

走回到办公楼的时候，发现两个孩子在教导处门口鬼鬼祟祟、推推搡搡。

"怎么啦?"

"没怎么，没怎么。"俩孩子一副吞吞吐吐的模样。

"有事吗?"

"没事、没事。"两个孩子欲言又止，看表情好像做了什么亏心事。

"肯定没什么好事!"我见他们一副遮遮掩掩的样子，也答不出一个所以然来，于是把他俩逮回班级。俩孩子也不多说话，跟着我默默地走在后面。

回到班级，只见班主任正在教室呢。于是就跟她讲了大致情况，总体意思是他们在规定的时间内没有做规定的事情，也没有出现在应该出现的场合。

老师听了，好像要为他们辩驳一下，解释了一句："他们俩说是解大便去了!"

言下之意，不是老师没有管理，而是他们欺骗老师。这样我就更加确信这两个孩子是"心中有鬼"，于是故作生气地瞪了俩孩子一眼："教导处是解大便的地方吗？"

我想既然我把孩子带回来教室，那就交给班主任处理吧。

于是，我转身离开了。

也许是我的态度传染了班主任老师。我刚离开，就听见背后传来班主任声嘶力竭的训斥："你们去干吗？我以后再也不相信你们了！"

我一惊，班主任这是怎么啦，是因为我刚才严肃的态度传染了他，让他显得这么严厉吗？其实我并没有要批评孩子，我只是希望班主任老师调查一下原因。

我想转回去，告诉班主任先不要忙着生气；但是转念一想，还是算了，班主任的态度之所以这样，是我作为前面的榜样没有发挥好作用。该责怪的是我才对啊，谁让我一副兴师问罪的样子啊？都是我惹的祸。再说了，如果我转身回去处理，会不会给老师和孩子都带来巨大的压力呢？

回去肯定不妥。我心里带着微微的不安，又带着些许后悔，继续大踏步离开了这个班级。

第二天一早，我在校门口值周。心里惦记着昨天的事情，所以我一直很留心昨天那两个男孩子。果然过了十几分钟，那两个男孩子慢慢悠悠地走近校门，看见我，似乎想逃避的样子。

"过来一下哦！"我跟他们打招呼，努力保持温和的微笑。

俩人见躲不过去了，只能磨磨蹭蹭地走到我边上来。

我故作轻松，笑嘻嘻地跟他们开玩笑说："昨天挨批了吧。"

他俩不好意思地点头。

我又问："那你们告诉班主任老师为什么去教导处了吗？"

他们又不好意思地摇头。

我有点困惑，更加觉得有点对不住这两个小伙子："对不起啊，其实我应该先了解清楚原因。可是你们怎么也没有跟班主任老师说明原因呢？"

他们更加为难地说："老师生气了，也不听我们说啊。"

我一听，真比打脸还难受呢，连忙说："看来，都是我的错。但是为什么昨天我问你们的时候，你们两个都支支吾吾的呢？是碰到什么为难的事情了吗？"

他们不好意思地挠了挠头皮说："其实我们就是觉得有点不好意思说。"

我赶紧说："说不定我能够帮你们这个忙呢。现在可以跟我说，为什么去教导处了？"

孩子想了想说："我们捡到了十元钱，想问洪老师要一张表扬单。但是一直没找到人，所以在门口一直站着呢！"

我恍然大悟地说："哎呀，那是错怪你们了。这是好事啊，怎么不早说呢？"

俩孩子你看看我、我看看你，不好意思地笑了笑。

我见他们还是不愿意多说什么，就继续笑着说道："这样行不行，老师将功补过，陪你们去教导处，帮你们补一张表扬单，这样可以吗？"

孩子惊喜地点头。

我带着他们回到教导处。洪老师告诉我确有其事，只不过自己昨天一直在外面开会，估计孩子来了好几趟都没有要到表扬单。他立刻帮我开了一张表扬单给他俩，而我呢，再一次郑重地向他俩道了歉。为了这个事，我又正式地给他们班的班主任老师打了个电话，说明了具体情况。同时要求对于这一件事情在班级里也说明一下，给孩子一个正面的教育和鼓励。

想一想自己，不分青红皂白，把孩子押回教室；班主任也不管三七二十一，把孩子教训一顿，就好像循环的踢猫效应一样，恶劣情绪就这样莫名其妙地相互传染开了。

"这俩孩子，怎么不早说？"班主任在电话里疑惑地问着。

"就是啊，本来是好事嘛。"我尴尬地回应着，一再跟班主任确认要还他们一个"清白"。

于是，这一件"冤假错案"才算画上一个圆满的句号，我心里微微觉得安心一点。

孩子为什么不说呢？

其实我心里已经知道答案。这俩孩子不是不说，而是我和班主任都没有给他们提供说的机会。在教导处门口，我一脸的不信任让他们不说；回到班级里，班主任冲口而出的咆哮声让他们不说。孩子天生的敏感与敏锐让他们一眼能够看到大人是否有足够的耐心、接纳度、信任感，而有的时候，我们可能会让他们失望，于是他们拒绝交流，哪怕被误会也不愿意做出解释，鸿沟就这样形成了。

孩子后来为什么又愿意向我敞开心扉了呢？

幸好我还有一点自知。知道自己的简单粗暴与班主任的不问青红皂白并不能解决问题的时候，主动向孩子认了错，并且愿意心平气和地与他们进行一次平等的对话，鸿沟才没有扩大，而是被悄悄地填平。

多一点耐心，站在孩子的角度；多一点亲近，尊重孩子的需求；多一点平等，理解孩子的感受。即便做不到，至少要懂得说一声：对不起，同学，我的错。

说实在的，低下头，其实也没那么难。

我说清楚了吗

在班级中，总会有那么一两个孩子，与其他同学格格不入。久而久之，大多数的同学就好像活跃在陆地，而这异乎寻常的一两个就好像生活于孤岛。如果"陆地"与"孤岛"之间缺少"交通"联系，那么这座孤岛就会越来越荒芜，越来越受到冷落，以至于完全被大家遗忘，成为一片真正无法开发与利用的"不毛之地"。

而老师，就是这样一个重要的交通员。交通员要深入了解陆地与孤岛的不同地形，熟练穿梭在陆地与孤岛的不同位置，想方设法搭建桥梁、铺设通道，让陆地接受孤岛的特立独行，让孤岛吸纳陆地的广袤丰厚，当陆地与孤岛建立互通与联结的时候，那么它们各自的亮点就能够被保持、被发觉、被欣赏，成为各有特色、自成一格的景致。

我自认为算是一个比较诚挚的交通员。我把与不同孩子的交往比作一次次的旅行，享受在过程中的发现与收获。当然，我大多数的时候会多关注一点那些"网络打卡点"，但有时候也不缺少发现"柳暗花明处"的本事，因此每一次历险都有乐趣；其中艰难的对话与突围，好比旅途中挑战一下"险山恶水"，经历一些"狂风暴雨"，才能让一段旅程更加令人记忆深刻。正是抱着每一座孤岛都值得开发的勇气，所以我一直孜孜不倦地往返于陆地与孤岛，用着孙悟空的火眼金睛去寻找与发现孤岛的美景，让陆地上的同学也能发现，原来不一样的风景，也是一道美景啊！

玥玥，你是我这么多年孤岛探险中，不算险峻的一座孤岛。你比一般孩子矮半头，一头乱糟糟的短发，一张瘦精精的小脸，也许是对自己的龅牙很不满意，所以你在说话的时候总是不自禁地蒙上嘴。虽然你长得像个假小子，但是这并不妨碍我对你的喜欢——发现你刘海挡住了视线，我会提醒你赶紧理发；注意到你手上有莫名的伤口，我会打一个电话到你妈妈那里讨个说法；还有的时候会放下原则，偷偷地提醒你的同桌考试的时候把试卷往你这里挪挪，方便你瞄一眼……

可是你是一个诚实耿直的孩子，即便同桌都把试卷铺到了你的眼前，你依然头也不抬，从来不去抄一个字。你认真的样子让人心疼，但是你努力却得不到回报的样子却让你越来越孤独——你的分数每一次都不会超过30分，你常常埋着头奋笔疾书，但是谁也看不懂你在纸上写了什么。同学们看你的眼光越来越奇怪，你手臂上的伤口越来越奇怪，而你的小脸日渐显得消瘦了，双眼总是肿肿的，眼袋总是发青的。有一天上午第一节课，我才开始上课不过十分钟，你竟然睡着了。

"玥玥，你听懂了吗？"我走到你身边，轻轻地抬起你的头，揉了揉你的眼睛。

你睡眼惺忪，大概是刚刚进入梦境就被打断了，一下子懵住了。顿了一小会，你不自觉地蒙住了自己的嘴巴，然后瞪大眼睛傻呆呆地看着我。

是的，傻呆呆。以前同学们对你还抱有善意，从来没有在我面前取笑过你。但是此刻大家好像终于憋不住了，他们以为你是一个小丑呢，于是很多同学开始肆无忌惮地大笑起来。

我马上意识到自己"丢人"了——我明明懂得你的无助，但是此时此刻却无视你的脆弱；我明明知道你无法回答，但是却非得让你在全班面前做出回应；我明明应该包容你的不足，但是此时此刻我却让你的缺点完完全全暴露。我的目中无人和轻率点名，不正是把一个需要帮助的孩子给"丢弃"了吗？

我马上想起了自己光荣的"交通员"的身份。我不能让陆地与孤岛失去联系，也不能任由孤岛荒芜，怎么办、怎么办、怎么办……

"玥玥，我是想让你帮老师听一下，刚才老师说清楚了没有。"我抚了抚你的头，不紧不慢地把刚才解释课文主要内容的一段话重复了一遍。

你一直仰着头。你的目光中有些困惑，但是你的神情显得异常专注。一双眼睛睁得大大的，我感觉你是在用整个心灵去倾听。假如此刻有一个收纳声音的器物，我想你一定会奋不顾身地扑上去，把它紧紧地抓在怀里，藏在胸口。

"玥玥，这一篇课文讲的是这样的一个主要意思……"我又不紧不慢地重复了一遍，轻轻地放下你掩住嘴唇的手掌："你觉得我说清楚了吗？"

你使劲地点头。你的眼睛好像有一汪水，清澈又澄亮。在水影里，我感觉有精灵在跳动，好像是什么忽然被唤醒了，亮晶晶地发着光。

"那么，你能帮大家把这个主要意思讲解一遍吗？"我再不紧不慢地继续说着，脸上漾出了笑意。我知道，那个孩子刚被我"弄丢"了，幸而我及时纠正错误，现在她已经回来了。

"这一篇课文的主要意思就是……"你大声地重复着。你的小脸不自禁地扬起来，你瘦削的小背倔强地挺直起来。

"谢谢你，玥玥。"我不动声色地说，虽然内心已经掠过惊涛骇浪。

那些在陆地上的同学，一开始是远远观望着、笑着、躁动着，以为不值得为孤岛停留；但是马上他们就发现，每一趟旅行中的每一个人都不应该被搁置与抛弃，即便是孤岛她依然有她美好动人的地方。不知道是谁带的头，教室里忽然爆发出热烈的掌声，持续而温暖。

"相信同学们都记住了，看来我是真的说清楚了。那么让我们继续往下讲……"我冲你做了一个心照不宣的鬼脸，然后返身回到讲台，继续上课。

是的，玥玥，你是我在所有孤岛探险中，不算险峻的一座孤岛。但是我是多么掉以轻心，刚才差点丢弃了你。你能原谅我吗？

在漫长的教学生涯中发生像这样的"丢人"事件，何止一人，一回呢？今天是我的警觉，让我又找回了你，但是通向你的道路依然险阻，谁也不能担保你不会再次丢失。你为什么受伤，为什么瞌睡，为什么总是听不懂？

你听懂了吗？——老师把自己抬得很高很高。

我说清楚了吗？——老师把孩子看得很重很重。

老师要把自己放得很低很低，然后才能真正"看见"孩子。

玥玥，我怎么才能讲清，怎么才能让你听得懂？

我心里依然有谜团，但这反而让我坚定继续为你去探险。我这个交通员呀，还有太多需要搭设的桥。我多么希望你能够顺利来往陆地，你的岛上也能繁花似锦！

大熊猫老师

暑假晨泳，结束时碰到了我的学生——小哲同学。

"嗨，好耶，小哲。"我很自然地走过去跟他打招呼。

"啊，什么？"小哲就像一块风化的石头，站在那里一动不动，表情都呆滞了。

"再见。"我甩了甩湿漉漉的头发，恨不得溅他一脸水珠，心里有点愤愤不平。什么嘛，老师又不是鬼，至于吓成这样么。

还有一次傍晚，我在菜场买菜，碰到了另一个学生——然然。

"然然，和爷爷一起买菜啊。"我很高兴地跟她挥挥手。

"嗯，谁呀？"然然歪着头研究了我半天，依然好像不认识我一样。

"再见。"我只能悻悻然提溜着菜篮子从她身边飘过，好像做错了什么事似的。什么嘛，老师又不是仙女，难道不食人间烟火的吗？

像这样的糗事还有很多次，常常让我觉得孩子们真有点"忘恩负义、狼心狗肺"，在很多场合他们会忽然得脸盲症，完全不认得我——甚至避之不及、逃之夭夭，好像我会生吞了他们一样。有时在公交车上碰到，他们会提前下站，一溜烟逃了；有时在超市碰到，他们明明知道我已经看到他们了，依然会藏到爸爸妈妈的身后，恨不得绕道而行；最尴尬的是在厕所里，有些同学看见我会忽然一愣，然后扭身就跑，竟然连生理反应都生生地给逼回去了……

忍无可忍、无须再忍。有一天上课的时候，我决定跟孩子们开诚布公地聊一聊这个话题："同学们，在你们眼里，老师是什么呢？"

一个孩子张口就说，老师像明灯。

另一个孩子也不含糊，紧接着说，老师是灯塔。

第三个孩子是学霸，直接吟上了诗：春蚕到死丝方尽，蜡炬成灰泪始干！

我知道他们能忽悠，但是我一点也不买账。看着他们还纷纷举手，还想使劲送上"彩虹屁"的时候，我调整了方向，提高了要求："同学们，你们说的都是'别人家'的老师——也是别人嘴里的老师，这没什么新意。我想请你们仔细研究一下你身边的老师，形容一下他们像什么呢？"

这下孩子们傻眼了，半天没人吱声。我料到同学们会是这样，幸而我早有准备，不然一定也会被这些陈词滥调给束缚了有创意的思考与有温度的发现。我知道，要想让孩子看见活生生的有个性的"人"，首先我也得有自己不一样的观察与发现，所以前一天晚上我经过一番苦思冥想，写了一篇下水文。现在我要给他们读一读，随机也在他们面前夸一夸我的搭档、他们的班主任——数学老师余老师：

"当我想用文字来'画'余老师的时候，眼前忽然出现了一只美丽的梅花鹿——没错，如果要用某一种动物来形容她的话，梅花鹿真是最合适不过了。

梅花鹿体型优雅，特别是有着纤细的四肢、轻盈的步伐，简直就是森林中的'模特'。而余老师个子高高的，双腿细细的，在教师界也绝对称得上是让人羡慕的'女神'。

梅花鹿面容温柔，秀气的脸庞上那一双长着长睫毛的大眼睛特别迷人，一眨不眨地看着你的时候好像有许多话在告诉你呢。余老师的大眼睛也是那么水润润，就好像一汪清水，清澈见底，能够看到余老师心中的很多'小秘密'：在同学进步的时候也跟着闪闪发光，好像在鼓励、夸奖人；在同学调皮的时候四周就会泛起黑眼圈，好像在跟人诉苦——哎，老师又熬夜了，要懂事哦！而当同学取得了集体荣誉的时候，这一双大大的眼睛忽然就眯成了弯弯的一条细线，大概是要把这些美好瞬间都牢牢地锁进眼眸里，珍藏在心上。

余老师与梅花鹿还有一点相似之处——擅长奔跑。大家都知道马的速度很快，而梅花鹿虽然体型比马娇小但是速度却比马快得多呢。它热爱奔跑、动作敏捷，总是穿梭于灌木丛中，机智地避开猛兽。余老师就像一只美丽的梅花鹿，也总是喜爱用奔跑来丰富自己的业余生活。她常常在下班以后奔跑几千米，也偶尔在节假日参加一些马拉松活动，有一次班级举行一个'毅30'的活动她就挑战天天奔跑，连续坚持一个月。她曾经跟同学们说劳逸结合，锻炼与生活两不误。怪不得她这么活力四射，原来也是有明确的目标的呢！

余老师不仅在美丽的外形上跟梅花鹿很相近，温和的性格也是跟梅花鹿非常吻合。她说话从来都是柔声细语，不舍得骂学生一句；指导孩子从来都是和风细雨，没有"狮吼功"也没有"泰山压顶"，孩子们都很喜欢她，她就像一个可亲可近的小姐姐。

像梅花鹿一样，她有美丽的大眼睛，修长的身姿，还有总是轻声细语说话的样子，这就是我可爱的同事、同学们可敬的——余老师！"

我一读完，同学们就热烈鼓掌——这是他们的擅长事项，他们最会鼓励人,不过么,实话实说,我也觉得这样的余老师与众不同、鲜活可爱。昨天的苦思冥想,才让余老师真正有了人间的烟火气息啊。

读完之后我问大家:"你们能不能顺着这样的思路,来说一说你身边的老师呢?"

有了"引路石",同学们的话匣子一下子就打开了:

一个孩子说:"音乐郑老师每天都长裙飘飘、色彩艳丽,把她比喻成一只孔雀,那是再合适不过了。"

另一个孩子说:"潘老师每天变着花样让我们做各种不一样的习题,她就是一只老狐狸。"

第三个孩子说:"我特别想把小宋老师形容成金鱼。他的眼睛虽睁得很大,但是总给人一种瞌睡不醒的感觉,他的嘴巴总是一刻不停地说呀说呀,但是我实在不知道他在说什么啊,就像他吐出的鱼泡泡,那些话虽然一串又一串,但是好可惜一眨眼就破,忘喽!"

这个孩子形象的比喻一下子把同学们逗乐了,连我也忍不住扑哧笑出声来。你看当孩子们开始看见"人",说"人话",这些人物就一下子生动活泼了起来,这是多么让人喜欢的老师形象啊。

但是我不满足,我不能忘记我今天还有一个重要任务,要让他们看见——我,这才能安抚我受伤的心灵啊。

于是我不动声色地追问:"说了那么多身边的老师,你们能不能说一说你眼前的这一位老师呢——大家想一想,她像什么。"

孩子们你看看我,我看看你,做出恍然大悟又小心翼翼的表情:原来老师在这"埋着雷"呢,大家注意啦,注意啦。

教室里响起窸窸窣窣的讨论声。同学们小声地讨论起来,但似乎又不愿意让我听见,于是我在讲台边安安心心地等待着。过了一会,终于有一个大胆的女孩子举起了手,含笑的嘴角、闪亮的眼神、激动的表情。

"郑老师,你是——大熊猫!"

"为什么是大熊猫呢?"我有点不满意,微微皱眉,好像形象不是很美丽啊。其他同学纷纷表示同意,并且举手要做补充。

"郑老师的体形圆圆的,就像大熊猫一样胖乎乎。"

"郑老师工作很忙,常常熬出熊猫眼。"

"郑老师课上得最好,而且很出名,跟大熊猫一样是重点保护对象!"

"大熊猫是国宝,郑老师也是我们班的大宝,所以郑老师你就是——大熊猫!"

这一番迅雷不及掩耳之势的夸赞直接淹没了我,让我有点心醉啊。我一边掩饰自己受用的表情,一边在心里暗暗叹息:看来青出于蓝而胜于蓝,我是真不如他们厉害。

我挣扎着做出最后的反抗:"大家说得挺好,我觉得还算满意。不过么,大熊猫之所以是国宝,还有一点原因,大熊猫多可爱啊,其实郑老师也是非常可爱的……"

"切!"同学们起哄了。

"下课!"我心满意足地离开教室。不过心里还是打鼓,我这教育,算是成功还是不成功,下次再碰到我,他们能好好地给我打个招呼不?

特殊嘉奖

期末考前的最后一天，中午。

黑板上明明写着一个大大的"静"字，但是教室里哪有一处是安静的，闹哄哄的声音与一个嘈杂的集市相比简直有过之而无不及呢，一个个小屁孩都乘着空隙玩得不亦乐乎。有的人趴在桌子上玩橡皮大战，有的人看似在打扫卫生实则拿着扫把在追追打打，还有的人屁股撅着蹲在课桌下不知道在干什么……

最安静的人恐怕是我了——此时我站在教室门口一动不动，已然风化成一座雕塑。而在我平静表面下所掩盖着的内心却是凌乱无比的：我是进去呢还是不进去，我是发火呢还是不发火，我是抓紧最后一点时间再给他们补补呢还是算了……

哎，太难啦。路过办公室的时候，老师们都在开玩笑，说自己是"神"呢。为啥？原本以为期末复习是在查漏补缺，讲着讲着才知道自己是"女娲补天"；补着补着又发现自己在"精卫填海"；补啊补啊终于领悟这根本就是"盘古开天"啊！从补天到填海到开天辟地，岂不是需要"神"来之笔啊？此时此刻，对着这一批没心没肺的小崽子们，要不要继续拓荒、发发神"经"呢？

正在我犹豫的时候,看到刚刚那个撅着屁股蹲在课桌下的孩子忽然直起身来,原来刚才是躲在课桌下写什么呢,现在举着那张纸,就像举着一份重要情报。你兴致勃勃地走到我身边,拍拍我的肩膀说道:"老师,我有一份礼物给你。"

你努力踮起脚凑近我的耳朵,另一只手悄悄地背在后面。你的声音清脆细软,还带着压抑不住的喜悦。

"神秘礼物?"我哑然失笑。这个小鬼头,也不知道葫芦里卖的什么药。但是嘛,礼物还是让人很期待啊!

"对呀,请接受我的嘉奖!"你兴奋地把这背后的纸郑重地双手递给我,那一本正经的架势,那认认真真的模样,好像是一个大领导在表扬一个努力工作的员工似的。

"小鱼儿在给老师颁奖呢!"不知是哪个眼尖的小调皮听到了你的话,高喊了一声。于是教室里其他的同学都围拢来,挤了个里三层外三层。教室门口一下子成了拥堵地带,有几个心急而又看不见的同学恨不得像猴子一样攀上门框、爬上窗台。这下子,原来闹哄哄的教室更加喧闹了。

我被同学们簇拥得根本没法子好好地看"嘉奖令"了,索性让全部同学好好地坐回座位,然后打开投影机,把奖状放在了实物投影上。只见这是一张画得栩栩如生的奖状,外围还精心地装饰了花纹,在中央端端正正地写着:授予郑老师——不拖堂奖!

同学们鼓掌叫好,而我真有点啼笑皆非。这算是啥奖呢,是肯定我呢还是寒碜我呀;可同学们都好像很认可似的,使劲地拍手,大声地赞扬,好像对这个奖状很满意似的。

"嗯,谢谢,十分感谢小鱼同学对老师的肯定!"既然同学们都那么高兴，我也得配合一下。于是再请你上台，正儿八经地再给我颁一次；我呢，奖励你一个大大的拥抱。

"为什么要给我颁这个奖啊？"我领你在讲台前站好，以手为话筒采访你。

"因为虽然这一段时间复习很紧张，但是每次你上课都是刚好在铃声响起的时候讲完，太厉害啦！"

其他的同学也纷纷点头。大家都是一副心照不宣的样子，那眼神，那忍不住的笑意，其实分明是在告状，我们受不了啦，老师霸占下课时间啊！

"咯，这不是在复习阶段吗？"我心里想着这一拨娃儿们是"醉翁之意不在酒"，向我告状其他老师不及时下课，剥夺他们的休息时间啊！但是机智如我，于是我就故意装傻。

"所以，郑老师就特别了不起！爱你哟！"你忽然学着我的样子拿手指当话筒指向我说道："请问你有什么获奖感言？"

"此时此刻，我的内心十分激动。"我想了一想，机智地回应道，"感谢CCTV，感谢你们。正是因为有你们，才能让我有荣幸可以得到这个大奖，这份荣誉不仅属于我，而且属于你，属于我们这个集体！"

同学们伸长了脖子，好像在等待我的答案。

"因为大家听得仔细，做得认真，所以下课就及时呀！"我诚心诚意地说："所以这个奖嘛，属于我们每一个同学！"

同学们脸上现出不言而喻的古怪。大家心知肚明，这是郑老师的"回马枪"啊。

我像获胜的将军一样，在教室里指点江山，点兵点将。

"小军，每一次复习都是高效快速，还能在课堂上完成一部分家庭作业，是我们班级劳逸结合的典范！"

同学们大力鼓掌。

"楚筠，每一次的作业都是干干净净、端端正正，是我们语文学习的巅峰人物！"

同学们继续大力鼓掌。

"小鱼儿，除了认真完成作业，还能学有余力表扬一下老师，可以说是真正的劳逸结合啊！"

同学们一阵爆笑。

"所谓养兵千日、用兵一时。希望同学们在明天的考试中马到成功、所向披靡！"

同学们继续爆笑。

"那么，现在请你打开练习卷，翻到……"

"不要啊！"有同学哀号着，也有同学跟着起哄。但是大家的动作却惊人一致，小手已经老老实实地听从了指令，打开了作业本，悄悄地开始了埋头奋笔模式。

我拍了拍小鱼儿的屁股，调皮地说了一句："我会继续努力的，你也一起加油哦！"

小鱼儿就好像得了什么重要的嘉奖令似的，跑回座位开始认认真真地做起作业来了。我在前面坐着默默地守望着每一个学生。

躁动的教室终于又变得安安静静。

这就是期末考前的最后一天，中午。自修时间。

我看着孩子们，心里默默感慨，这才几分钟，就唱了这么一出大戏。希望明天的你们，个个都是"角"，人人都闪光……

第四篇章

静心倾听,平常中有奇迹

一节节语文课，我们穿越于上下五千年，行走在文豪巨匠间、沉浸在深入对话里。我愿静静等待，这一颗文学的种子在你的心间悄悄播撒，待它日芬芳满园时，你看待世界的目光必然变得不一样。

从乱七八糟到美只有一步之遥

"乱七八糟!"童言无忌的你,忽然惊天震地地大喊道。

同学们与听课的老师被逗乐了,大家都在哈哈大笑。唯有我好像被响雷劈到了一般,瞬间石化在原地,一时之间不知道怎么办才好。

马上就下课了,原来期待的完美结课,难道要因为你这一嗓子的乱吼而前功尽弃吗?

这一刻我的心真是如乱麻一团——剪不断、理还乱啊!

为了准备这一节公开课,我真可以用"呕心沥血"来形容。熬过了多少个不眠夜,推翻了多少篇试教稿,一次次在空荡荡的教室练讲,斟酌每一句话、每一个环节,甚至每一个动作……

为什么是乱七八糟?我带着一丝木然的表情,顺着你的目光看向黑板。黑板上贴满了五彩缤纷的蝴蝶,飞动在隐隐约约的峡谷里、树丛边、小溪上……这不是很美吗,你凭什么破坏这么美好的意境?

我心里恨恨的,又充满懊丧。这是这一节课的尾声,也是我之前绞尽脑汁才想出来的亮点。在同学们了解完蝴蝶鲜艳的色彩、丰富的品种、惊艳的一生之后,就借黑板营造出一个置身于蝴蝶谷的情境,让他们事先根据书本介绍的蝴蝶品种,选择自己最喜欢的一只蝴蝶先画下来，再在课堂的最后板块让心爱的蝴蝶"飞"进蝴蝶谷，在这样身临其境的过程中欣赏到千姿百态的蝴蝶，激发起对蝴蝶谷的喜爱与向往之情。

精心的设计带来了精彩的回报。这一节课的前三十五分钟都非常顺利，最后贴蝴蝶的活动也是充满了快乐，"蝴蝶谷"看上去很有画面感，所以我就让学生"乘兴"说说自己的感受，打算说个几个就自然而然地下课。

"美不胜收！"第一个孩子站起来大声地说。

我满意地点头，心想这真是一个聪明的孩子。

"蝴蝶谷就像一幅五彩斑斓的画卷。"第二个孩子也毫不含糊，甚至还超越了第一个，全班同学都报以热烈的掌声。

我心里暗暗自得，觉得还有最后一步，这一节课即将圆满地拉上帷幕。再请一个就下课吧。我这样想着，目光就落在激动不已的你的身上，一直就像弹簧一样按捺不住的你，又会有什么精彩的回答呢？于是我做了一个手势请你发表观点。

"乱七八糟！"你好像不吐不快似的大叫道。小脸因为激动而涨得通红，骄傲得犹如发现新大陆的大嗓门，就好像在一个平静的湖面上丢下了一块大石头，引起了轩然大波。

同学们一下子大笑起来，老师们也开始左右窃语，而我的脑袋就好像被门压了一下，脑门子突突地生疼。

熊孩子！我狠狠地瞪着你，恨不得把你生吞了。

"真的——挺乱的。"看到同学们笑得前仰后合，又看到我呆若木鸡的模样，你终于明白自己闯了祸。但是就好像不甘心似的，你又低低地补充了一句，证明自己是实话实说。

"嗯，你是想告诉我们，你喜欢摆放整齐的蝴蝶？"没办法，我只能顺着你的思路接了一句。下课时间还有最后几分钟，而你的回答也不能置之不理，只能走一步算一步了。

"老师你看，真的是乱七八糟。这些蝴蝶大大小小都不一样；颜色也是不一样的，有纯黑色的，有大红色的；它们的样子更是不一样的，有展开翅膀的，有停在花朵上的。看上去是不是很乱啊？"你鼓足勇气跑到黑板上，指给我看。

大家看着你，你看着我，一时之间教室里安静得好像一根针掉在地上都能听到。显然，你说得没有错，但是和我努力营造的氛围和预想的目标却不匹配。我该怎么做出积极而恰当的回应呢？

"不如，我们让它们排排队。"看到你在黑板前指指点点，一个新的点子忽然在我的脑海中萌生了，我笑着对你说："你来重新摆放吧。"

全场的人都静静地聆听着。我心里劝自己，不要害怕砸场。这一节课也许不完美，但是至少是真实的，也许有转机呢？

这样放下了心里的包袱，我的语气也变得柔和了："你就按照大小给它们排排队吧，就好像我们班级小朋友由高到矮一样，让它们分几列，都站好！"

"哈哈哈哈……"

紧张的气氛缓和了，大家都聚精会神地看着你在黑板上跑来跑去、东挪西放。你欢乐地忙乎着，不一会儿所有的蝴蝶都排好队。

"你看——整整齐齐，这样好吗？"

你在黑板站着，歪着头，思考着。整整齐齐呢，这是显而易见的；但是好不好呢，你好像一下子也拿不定主意。

"同学们，你们觉得呢？"我心里已经有了答案。我对于这一节课有了新的认识，也许也是新的突破。此时的我不能急于做出评价，而是要把问题抛给其他同学，引发更多人的思考。

"这样好像有点死板。"一个同学站起来，很不满意这个队形。

"不仅仅是死板，这些蝴蝶看着就像是标本，死气沉沉的。"另一个同学也站起来，毫不客气地说。

"乱七八糟比整齐排队好。"第三个同学站起来，干脆地发表看法。

"看来乱七八糟也挺好的?"我转向你，等待你的回应。我心里期待，你这个闯祸的熊娃，说不定还会有让人感到柳暗花明又一村的惊喜呢?

"嗯，乱七八糟才美。"在我期待的目光中，你的回答果然峰回路转，特别是你现出沉思的表情、闪亮的眼神，似乎又有新的发现。接下来会不会继续"一鸣惊人"呢?我告诉自己要沉住气。

"为什么乱七八糟才美呢?"

"因为乱七八糟的，才显得有生气了。"你仰着头看着黑板，左右端详，沉思道："蝴蝶谷的蝴蝶都是有生命的，怎么可能这样整整齐齐地摆放呢?"

这样说着，你好像已经知道了答案，又把刚刚才排好队的蝴蝶打乱了，恢复了最初的"乱七八糟"。有的飞到了树丛中，有的落在了草坪上，有一只很大很大的彩蝶，你竟把它放在云端里……

教室里响起了热烈的掌声。包括台下听课的老师们，也报以潮水般的掌声。这结尾突然发生的"事故"，又变成了一个美丽的"故事"了。

"乱七八糟究竟美在哪里呢?"我让同学们安静下来，再仔细观察观察，我希望你的发现接下来能变成同学们共同的惊喜。此时此刻，我相信每一个同学是真正地置身于蝴蝶谷之中，也是真正地在欣赏这些色彩斑斓的蝴蝶。

"美在生机勃勃！"

"美在无忧无虑！"

"这是一支轻盈自由的舞蹈！"

灵感之门一旦开启，就好像宝匣子一样熠熠生辉，同学们的发言也是一样的精彩纷呈。同学们好像真的置身于神奇的蝴蝶岛，真的看到了千姿百态的蝴蝶。孩子们发现了，正因为显得乱七八糟，才说明它们可以随心所欲地舞动，自由自在地飞翔，蝴蝶谷中的蝴蝶除了形状美、色彩美之外，更打动人心的是一种动态美和生态美啊！

就这样，这一节课在大家的感慨声与意犹未尽中完美落幕。从惊魂到惊艳，从嫌弃乱七八糟到发现美不胜收，真的只有一步之遥！

这一步，可能阻隔千山万水，遥不可及、永远错失；

这一步，可能回归真情实境，信手拈来、触手可及。

愿意等待，才会等来真的精彩！

假如"窗边的小豆豆"来到我身边……

上课了,同学们跑进教室,这一节课我们将进行《窗边的小豆豆》读书分享会。这是同学们最喜欢的课外阅读时间,也是一段可以无拘无束、畅所欲言的欢乐时光。

以往课上,我们总会选择一两个话题帮助同学们打开话匣子,这一节课自然也不例外。我们从聊书本中的主人公——小豆豆开始。

我问道:"你们喜欢窗边的小豆豆吗?"

一个学生:"喜欢。这个小朋友的脚底下一定装着一个弹簧,不然怎么老是一刻不停地跳跳跳呢。她一会儿跳进了沙堆里,一会儿跳到了树丛中,一会儿又跳进了粪坑啦……哈哈哈,太可爱啦!"

其他孩子也跟着在座位上笑得前仰后合、七倒八歪。

我说:"你们这么喜欢小豆豆,一定很欢迎她成为你们的同学吧。"

所有同学都毫不犹豫地点头,有些同学还兴奋地鼓掌、欢呼,有一个大胆的小屁娃还故意做出一蹦三尺高的模样,好像高兴地要飞上天似的。

我接着说:"那么老师相信,你们一定也会愿意在她需要的时候伸出援助之手。现在小豆豆掉进了粪坑,然后她好不容易爬了出来……"

我一边说着,一边迅速套上一件乌七八糟的袍子,把自己装成是那个浑身粪臭的"小豆豆",走到同学中间向大家求救。

同学们没想到剧情发展得这么突然。刚刚那个一蹦三尺高的孩子反应最快,这会"吱溜"一下钻得比老鼠还快,藏到了课桌底下,捏着鼻子大声说:"不要找我,我怕臭!"

这下其他同学也依样画葫芦,就像多米诺骨牌一样倒下去,纷纷作势往座位下躲,七嘴八舌地回应:

"太难啦!"

"我不行!"

"不要过来!"

……

得不到任何帮助的"小豆豆"只能退回到讲台前。看着这一群被吓得"瑟瑟发抖"的小伙伴,我表示非常"受伤",只能自己扒下那件臭烘烘的袍子。接着抛出了第二个问题:"那么请问同学们,你们是不是只喜欢书本中的小豆豆,而不喜欢真正走近你们的小豆豆,对不对?"

刚才兴高采烈的孩子们脸上现出了思考的神色。刚才做钻地鼠的孩子又做出思考者的模样,装出一脸深沉。

一个学生说:"虽然小豆豆很有趣,但是我好像没办法和她一样,我一点都帮不了她,可能我无法和她成为朋友。"

另一个学生说:"刚才我有点害怕,还有点尴尬,我觉得做她的朋友确实有点难。"

第三个学生说:"我体会到书本中的豆豆确实很可爱,而如果是

147

在我们的身边，做出像刚才这样的动作……哎呀，我想大家都会觉得她的一举一动不太正常吧。"

聊着聊着，刚才还兴致勃勃的同学们脸上竟都现出不好意思的神色。他们发现，喜欢作品中的豆豆很简单，只要跟着呵呵一笑就可以了；但是如果小豆豆真的来到大家的中间，事情好像就变得有点复杂了。虽然书中的小豆豆怎么读怎么可爱，但是如果她就在自己身边生活，其实就没有那么讨人喜欢了。因为这颗怪味豆会发出奇异的气味，一定会让周围的同学觉得难以接受、难以理解、难以相处。

我说道："同学们，我表示理解你们——其实我也想过，如果小豆豆就在我们班，我大概也会像她一年级那个年轻的班主任老师那样手足无措呢。那个毫无办法的老师也跟你们一样被吓坏了，因为害怕无法控制她，万不得已只能让她换一个学校。但这并不代表她不善良，而是因为她不了解小豆豆。你们想了解原因吗？"

学生现出茫然的样子，都好奇地瞪大了眼睛。是啊，他们只发现她很多有趣的傻事，但是并没有去深入寻找过答案。而读书能够读到书背后的故事，那才更有意思呢！

我引导："同学们，每一个不一样背后都有一个不一样的原因。郑老师推荐你们再去读黑柳彻子一系列的书，比如《小时候就在想的事》《丢三落四的小豆豆》《小豆豆频道》等。在书里她讲到更多自己稀奇古怪的举动，让别人哈哈大笑，却让自己麻烦不断。她长大以后才了解到自己当时患有一种罕见的学习障碍症，全世界 0.2% 的人会得这一种病。这种病导致她无法安心坐立，无法认真书写，无法集中注意力，有时候做出出格的举动、夸张的表情，就像一个怪胎，一个丑八怪。同学们了解到这么多，此时此刻你再想一想，你还喜欢窗边的小豆豆吗？你愿意伸手帮助她吗？"

教室里变得非常安静，静得好像整个世界都在聆听，都在思考，都在期待。

一个学生："老师，虽然我没有办法理解她，但是现在我想和她做朋友。假如她再走向我，我一定会想办法帮助她。"

另一个学生："原来她这么做不是因为淘气捣蛋，而是因为生病了，这让我觉得有点难过。我不能保证我能和她成为朋友，但是我保证不嘲笑她、欺负她。"

第三个学生："老师，我觉得有点想哭，当时的小豆豆她一定很孤独吧。想想看其实我们身边也有一些同学就像她一样稀奇古怪，平时我好像也都很讨厌他们呢……"

我说："同学们，你们很诚实，也很善良。只有你们真正了解小豆豆，才算是真正地接纳了她。这一种接纳很了不起呢，她能够让一个看上去非常不可爱、满身缺点的人变得更有力量。你们还记得书中带给小豆豆力量的人物吗？"

一个学生："小林校长。他竟然没有批评小豆豆挖粪坑，而只是平静地告诉豆豆要把坑填回去，这真了不起。"

另一个学生："豆豆妈妈。她一点都没有责怪豆豆给自己添麻烦，而是帮她寻找到适合的学校，这才让豆豆没有受到伤害，这真了不起。"

我回应："你们了解得很深入，和书中的小林校长、豆豆妈妈一样，现在是懂得小豆豆的人啦，你们可以算是小豆豆真正的朋友了。我觉得你们也很了不起，发现了小豆豆身边的这些'重要他人'。这一种懂得与接纳的确是很有力量的呢，正是这一种神奇而伟大的力量，促使小豆豆战胜学习障碍症，成为一个快乐自信的人。后来她成为电台主播，成为知名作家，成为享誉全球的爱心大使。再后来她就把这本书写出来，把小豆豆介绍给全世界。你觉得小豆豆是想跟我们说些什么呢？"

一个学生："不要害怕自己身上的缺点。缺点并不能阻碍我们变成一个有用、有趣的人。"

另一个学生：要宽容身边的精灵古怪的小豆豆们。他们也许不是为了捣乱，而是需要帮助。

第三个学生："永远感谢'小林校长'，感谢帮助小豆豆变得越来越美好的'重要他人'。"

我说："这一节课差不多要结束了。在合上书本的那一刻，让我们再仔细地想一想，假如小豆豆来到我们的身边，我们会怎么做呢？"

第一个学生："其实小豆豆可能就是我们班级的小朋友呢，我要对她说，'欢迎你！'。"

第二个学生："我觉得自己就挺像窗边的小豆豆，我爱她，我也要相信自己。"

第三个学生："窗边的小豆豆让我想起了我身边很多小伙伴。原来我会离他们很远很远，现在我也要和他们好好相处。每个人都不一样，但是我们可以一起快快乐乐地长大。"

我总结："大家说得真好。听了你们的分享，让我更爱你们这些了不起的'小豆豆'。而且我觉得啊，我也能够变成像小林校长一样的老师，变成像小豆豆妈妈一样的母亲，你们觉得呢？"

学生答："老师——加油！"

此时此刻，一股暖流流淌在我们的心间，"小豆豆"带给我们的力量，让我们彼此信赖与依靠，有勇气去创造一个更加优秀的自己。

千万孤独

这是一节古诗欣赏课——《江雪》。

和我一起完成这一节公开课的是五年级的孩子们,而台下坐的是近千名听课老师。

我国是诗的国度,那些千年传诵的古诗就是耸立在我们面前的一座座古代文化的丰碑。我爱诗,所以在众多课文中选择了用它来传递对于文字的热爱与对课堂的理解;也正因为我对诗一往情深、情有独钟,所以也希望孩子们能够和我一样,珍爱诗歌、传颂诗歌、欣赏诗境中的美好,品味诗中丰富的意蕴和内涵。

此刻,孩子们已经初步了解了古诗的含义,接下来我将带领他们穿越时空隧道,与江上渔者进行一次隔空对话:

老师:面对这样一幅画面,你还有什么疑问吗?

学生一:这么冷的天,那个老翁为什么还在江上钓鱼?

学生二:是呀,天寒地冻,难道他不怕冷吗?

老师:看来大家都觉得挺困惑。不妨请大家大胆设想一下,你觉得这个老人为什么这么冷的天还在江面钓鱼呢?

学生一:嗯,我猜是因为他家里穷,他以捕鱼为生,不来钓鱼家里人就有可能得饿肚子，他也是没办法啊。

老师：哦，这叫——养家糊口。说明老人家境贫寒，这是生活所迫。

学生二：我觉得有可能是因为老翁看天上鸟都飞走了，江边人都回家了，江边从来没有这么安静过，好像这一江鱼都是他一个人的呢，他可以安安心心，想钓多久就钓多久。

老师：按照你这么说，老翁是很享受这一份清静呢！

学生三：可是我觉得一般的人都回家，为什么他非得来挨冻呢？这里冷冷清清，坐一会都受不了，何况待一天呢。所以老翁可能是遇见什么伤心事了，想找一个没有人的地方发泄一下自己的情绪。

老师：哎呀，被你这么一猜，刚刚的喜悦好像一下子冻住了，画面也变得凄凉起来了。看来每一个人都有不同的理解与感受。还有谁想来发表自己的见解呢？

学生四：我的爷爷是一个钓鱼爱好者，常常在岸边一待就是一整天，有时候连饭都顾不上吃；有时候回家的时候虽然两手空空，但是说起钓鱼的故事还是眉飞色舞。所以我想是他喜欢钓鱼吧。

老师：你这个见解还参考了生活经历，听上去还挺靠谱的，你的意思是这个老翁是一个地地道道的钓鱼爱好者！

学生五：我也来猜一猜。古人写诗都和他们的生活经历有关系。老翁选择了这么一个冷冷清清的地方来钓鱼，会不会和他的生活遭遇有关系呢？我觉得很有可能是作者犯了错误，被朝廷流放在荒郊野外，所以就写了这样一首诗来表达自己的苦恼啦。

说到这，全班都不由哈哈大笑起来。真是一石激起千层浪，在探究问题的过程中，孩子们仿佛循着时光隧道，慢慢地走近了柳宗元，走进了他所处的那个时代。他们的回答从一开始的脑洞大开到后来的寻根找据，已经逐渐接近和契合作者的心境了。这时已经水到渠成，柳宗元当时到底处于怎样的一个时代背景呢，我及时把柳宗元的平生与时代背景呈现出来，让学生一睹为快。

老师：现在你比较赞同哪一种理解？或者你又有什么新的补充？

学生一：原来这是柳宗元在被贬永州时写的一首诗，我比较赞同第五种说法。

学生二：第三种说法也有一定的合理性，不过我觉得他的心情不一定是难过，而是洒脱。他虽然有点郁闷，但是并不觉得自己有什么不对的地方，所以柳宗元是在借这个"蓑笠翁"表达自己孤傲的心情。

其他同学纷纷点头表示赞同。

老师：同学们你们看，此时，群山覆盖着白雪，江面飘洒着雪花，蓑笠翁好像也成了白雪世界里的一座雕塑。雪花一朵一朵，轻轻地飘下来，好像怕惊扰了这位钓鱼的老翁。此时此刻，你觉得他真的只是在钓鱼吗？

学生一：我觉得他是在钓鱼，也不是在钓鱼。在钓鱼，是因为他一直坐在那呢；不在钓鱼，是因为他其实并不在乎鱼上不上钩，他就是在平复自己的心情。

学生二：我觉得他不是在钓鱼，他是借钓鱼在等待。等待着朝廷对他的重用，等待着春天的来临。

学生三：我觉得他不是为了等待，而是在享受。享受着和天地融为一体的感觉，享受着唯我独尊的自在。

学生四：我觉得在这里全世界都消失了，好像就只剩下了他一个人。虽然冷冷清清,但却是清清白白,就像这茫茫大雪的纯净无瑕,他的内心此刻是很平静的。

学生五:我不同意,我倒觉得他内心很不平静,是在借诗歌传递求解、求救信号。这一首诗的每一行的第一个字连起来就是"千—万—孤—独",说白了就是讲自己怀才不遇,求安慰、求重用、求回朝呢!

同学们都被逗乐了,连台下的老师们都被这样与众不同的见解与发现惊艳到,不由自主地发出了雷鸣般的掌声。

老师:这一位同学从古诗中读出了"千万孤独",让我们好像听到作者发出的一声长长的叹息,画面变得生动了,人物好像也栩栩如生了,真是了不起的发现。感谢同学们——你们读懂了这一首诗,读懂了此时的柳宗元,下课!

距离这一节课已经过去了二十年。但是当我重新回想那个上课场景的时候,依然觉得心潮澎湃、心驰神往。"一千个读者就有一千个哈姆雷特",阅读是一个仁者见仁、智者见智的个性过程,也是一个精彩纷呈、自主建构的探究过程,虽然诗人、诗境离我们遥远,但是孩子们只要用心去感受,聆听到了作者的心跳,触摸到了时代的脉搏,就能感受到现代人与古代诗人依然可以心心相通。这是一件多么奇妙的事情,这又是一次多么神奇的旅行啊!

记得上完这一节课的时候,有一个听课老师偷偷地拉了一位同学说他们说得真好,问老师有没有在事先给他们彩排过。那个同学奇怪地问我,什么是彩排。我摸着孩子的头说,这是在表扬你们表现得非常精彩。

是的,真正的、真实的课从来不需要彩排,它从心底来,走入心里去，既是那么自然而然，又是那么惊心动魄。它时而平静，时而汹涌，时而一波三折……总意想不到却永远值得期待，这是经典文字留给我们的巨大空间，也是对话课堂带给我们的无穷快乐。

心里有才能笔尖流

这是一节作文课,这一次写的是《我的动物朋友》。对照习作要求,我又忍不住开始"唐僧式"的碎碎念:

同学们,第一部分要介绍动物朋友的外形,要按照一定的顺序写;

同学们,第二部分要介绍动物朋友的习性,要写出它的特点;

同学们,第三部分要写一写你与动物朋友发生的趣事,要写出它的可爱……

在我的喋喋不休中,孩子们并没有开始奋笔疾书,而是表现出集体性的发蒙状态。看到孩子们一脸痛苦的模样,我就知道——接下来头疼的该是我喽。

果不其然,第一次现场习作批改下来,我就被残酷的现实狠狠打脸,孩子们写的草稿"惨不忍睹":写猫嘛都是"大眼睛炯炯有神",写兔子嘛都是"毛茸茸的像雪一样白"。看上去也没有什么不对的地方,但是说的全是"正确的废话"——正是有其师必有其徒,我教给孩子们一些套话,孩子们还给我一些公式化的句子,脸谱般的标准像。

第四篇章　静心倾听，平常中有奇迹

回顾课文中的经典之作，作家可不是这样来写他们的朋友的呢。不论是老舍的《猫》还是丰子恺的《白鹅》，最吸引人的倒不是啥外形啊、习性啊、趣事啊这些套路，而是他们发自内心的真真切切的喜爱。比如，看着猫在稿纸上踩印小梅花的宠溺，竟把白鹅当成老爷侍候的宽宏，还有不管闯了啥祸依然绝不责骂的爱怜。作者没有说自己怎么喜爱动物，但是喜爱之情通过一个昵称、一句反话、一处顽劣、一点可爱等，自然无痕地流露出来。

我豁然开朗。问题可能出在我的身上，指导过程要变华而不实的道理为具体可操作的办法。比如，题目中"我的"二字至关重要，所以在介绍这个动物朋友的时候必须得写出动物朋友跟自己的关联与情谊。到底怎么称呼它的，如何辨认它的，还有和它之间怎么玩的……

有了这些具体可以实施的支架，孩子们才会从套路的枷锁中挣脱出来啊。于是我选择了几个代表性的问题让孩子们现场调整，任选课文中让自己印象深刻的一处来写写自己的动物朋友到底有什么不一样的地方，以此来强调我的动物朋友是独一无二的。这时候生动的语言与真实的情感才像解冻的泉水一样汩汩地流出来：

一个昵称：我的小猫咪为什么叫作"雪糕"呢？因为呀，它的背上有一块白色的斑纹，像极了我曾经最爱但是现在却不太买得到的大脚板雪糕。每次抱着它我就不由地想去舔一口，流着口水喊，雪糕啊，我亲爱的雪糕！久而久之，这就成了它的名字啦。

一句反语：这只小金鱼总是充满炫耀感地摇着自己的长尾巴，依我看就跟一把扫帚差不多，拖来拖去，真是麻烦。难道是鱼缸里的水太热了吗？不然它为什么总是没完没了地扇呀扇呀，难道不嫌累吗？

一处顽皮：我的"十四破"小赖龟脾气跟它的长相一样，总有点

157

与众不同的地方。它仗着自己龟壳比别人多一块，所以架子也比别的小龟要摆得足一些。两只小龟一起玩叠罗汉，它总是爬到上面趴着，而且一趴就是一整天，真是一点都不知道顾及别人的感受哈！

一点可爱："小白球"有点傻里傻气哩。有一回它玩着玩着就玩疯了，一头栽进了脏水沟。急得它上蹿下跳、东张西望、汪汪大叫，好像在说，这是哪儿？怎么臭烘烘的呀？我好不容易才把这个"熊孩子"给救上来，可惜的是小白球在脏水沟里滚来滚去，已经变成小煤球啦！

挣脱了"套路"的枷锁，变"你要"为"你可以"，从不讲道理讲方法，学生笔下的动物朋友才算是真正有了生命力，喜爱之情才得以自然而然地流露。

在这个过程中，我发现那些家里养着猫儿、狗儿、鱼儿的小伙伴，他们的观察更加细腻入微、描述更加富有情感色彩。一部分孩子从来没有去好好观察过动物，更不要说把它们当成自己的朋友，所以他们笔下的"朋友"依然就像一个影子、一个轮廓、一张面孔，让人无法产生共鸣。确实，如果孩子没有这样的体验，缺少这样的经历，自然也写不出真实的感受，给他再多的办法，依然无法转化为自己笔下灵动的文字。

再回过头去读老舍笔下的《猫》，你觉得那仅仅是一只猫吗？不是，那是他心心相印的朋友，是他朝夕相处的家人，是他疼不够、爱不够的孩子。再接着去想，老舍难道写的仅仅是猫吗？也不是，他传递的是一种快乐的生活态度，一种亲善的自然情趣，一种超俗的生命格调。他在普通的家常日子里活得有滋有味，他把寻常的一景一物写得有声有色，他对猫，对母鸡，对每一个渺小的生命，都如同对待自己般平等珍视,真是一般人难以达到的境界呢!毋庸置疑,他是大作家;但更重要的一点是,他热爱生活,他喜爱动物,这是打心眼里冒出来的——真爱。

这就使得这一篇习作要回到它的原点,让每一个孩子真正地去与动物交朋友,愿意花时间去走近动物的世界,愿意用心去感受它们的喜怒哀乐,愿意把它们当成真正的朋友。也正是基于这样的考虑,我又在课堂现场习作的基础上,请同学们再借助五一长假的空暇,去与这些生灵有一个更近距离的接触与对话,并且下定决心与孩子们一起动笔写——我以为,一切站在岸上指手画脚提要求的老师,都是可恶的、讨厌的,凡是要求孩子做到的,老师首先也要做到。最难以忘怀的是,那段时间恰好学校有几只小鸡孵化了,呆萌萌、毛茸茸,实在是可爱极了,于是我就每天和孩子们约好去学校看望鸡宝宝,体验了几天做鸡妈妈的感觉,笔下的文字变得充满了生机与灵动。

由此我想到,我们教孩子们模仿作家写作,模仿作家写动物朋友,不是要求他们写得跟作家一样高妙,也不是要把孩子培养成为作家,而是希望他们心里装着这一份真爱——真实地品味生活,真正地走近动物,真诚地表达情感,这就是——心里有才能笔尖流。

萧红，你不孤独

又一个平常日，又一节平常课，我们徜徉在《祖父的园子》中。看到榆树"呼风唤雨"你们直呼神奇；看到小萧红把韭菜当作野草割掉你们恨不得夺下她的锄头。而当你们感受到一草一木愿意怎么长就怎么长的逍遥自在，简直恨不得把自己也"栽"到园子里去呢。

此时此刻，你们仿佛就站在园子里。这不是一个普通的园子，这是一个有魔法的园子。在这里，一草一木都仿佛充满生机与活力，随时随处都可以与你们对话玩耍；在这里，一举手一投足都好像可以与花草呼应，深吸一口气仿佛就能尝到甜甜的快乐的味道。在这里，躺在土里可以看云的舞蹈，坐在树上可以听叶的呢喃，靠在墙头可以赏燕雀的嬉闹。

一切都是那么富有诗情画意。每一个字都带着表情，每一段话都可入歌、入诗、入画。你们心驰神往地读着：

  花开了，
  就像睡醒了似的。
  鸟飞了，
  就像在天上逛似的。

虫子叫了，
就像在说话似的。
一切都活了，要做什么，就做什么……

你们醉了，不知不觉地走到了诗中、画中。于是"小萧红"们的灵感与热情就像火把被点燃了一样。新的带着蓬勃生命力的语言在课堂喷涌而出，亮了、亮了：

风吹来了，
就像在吹哨似的。
树开花了，
就像戴上发夹似的。
瓜结果了，
就像来报喜似的。
雨下来了，
就像在发电报似的……

滴答、滴滴答、滴滴答答，你们忽然沉浸在"电报"的解密中，你们读懂了那个站在阳光下的小女孩的神采飞扬，你们掘出了那个隐没在时光隧道中的园子的生机勃勃。然后园子中的一缕阳光照进了今天的课堂，温暖了当下的你们。当年的萧红，此时的你们；那时的欢乐，此时的怀想。翻过千山万水，穿过岁月的层层迷雾，你们和萧红站在了一起。

你好，萧红。此刻，你并不孤独。

自信宣言

每天课前一分钟的成语造句是我们班的传统节目。今天会是谁来造句呢？我充满期待地站在讲台边等待着。在课代表的催促下，你扭扭捏捏地走了上来。你驼着背，低着头，嘀嘀咕咕地讲了一番话，好似在自言自语。

你是个插班生，刚从外地转入我们班不久，对你而言，这是一个多么重要的亮相机会呀！

"来，站在大家中间，再说一遍。"我把你牵到大家的座位中间。

你不好意思了，低着头，嘴里嘀嘀咕咕，也不知说了些什么。在你含糊不清的口齿间，我隐隐约约听见有一个成语——一刀两断。同学们都笑了，而你的脸更红了。显然，你缺乏精心的准备，又选了一个不太恰当的成语。

面对大家的哄笑，你像只受惊的小老鼠似的只想往自己的座位上逃。我拥住了你，示意大家静下来，并附在你耳边悄悄地说了一句话。你笑了，大家都睁大好奇的眼睛。在一阵短暂的静默后你抬起了头，轻轻地，但又果断地说了一个句子：

"今天的我要与过去的我一刀两断。"

一部分听清的同学鼓起了掌，一部分没听清的同学着急地叫起来："再说一遍！"全班同学都以一种极大的热情关注着你，目光中带着肯定，带着期待。你像挣脱了身上的重负似的，突然大喊一声：

"让胆小如鼠的小鸣见鬼去吧，今天的我要与过去的我一刀两断！"

多么精彩的自信宣言！一时之间，班中掌声雷动。而在大家的叫好声中，你昂着头回到了座位。

这一瞬成就了你的"高光"时刻。这一个小小的亮相，既让同学们看到了你，也让你看到了自己还有很多潜力，值得继续不断地努力与突破！

"调皮"的鲁迅

六年级下册第五单元《走近鲁迅》的学习，让你们对鲁迅有了一个初步的印象。

小学生读不懂鲁迅吗？

谁这么说，你们一定跟谁急。大家说自己读得懂鲁迅，也喜欢鲁迅。不管是别人眼中的鲁迅，还是鲁迅笔下的别人，这一篇篇文章就像一组组镜头，让你们看到了为大家所永远敬仰、尊重、怀念的鲁迅先生。喏，正如单元导读图片所画的那样，鲁迅先生有着清瘦的面庞，微蹙的眉梢，冷峻的眼神，他就是那个为自己想得少，为别人想得多的伟大作家、民族斗士。

咦，等等，为什么鲁迅那么多的照片，总是做出差不多的一种神情呢？你看，总是皱眉没有一点儿笑容，总是怒目没有一丝温柔，对着镜头的鲁迅为什么不给个温柔一点的表情呢？你们带着这样的疑问继续阅读更多的写鲁迅的文章，以及鲁迅写的文章。自由读了一阵子之后，再花了几节课安安静静地读完了《小学生鲁迅读本》，然后在分享会上就有了第一板块的交流与分享。

为什么鲁迅总不笑呢？

你们的发言天马行空。读书读得那么苦，能笑得出来吗？写作写得那么迟，能笑得出来吗？当时的社会那么黑，能笑得出来吗？难怪把鲁迅的笔比作匕首，给社会动大手术呢！你说假如一个医生对着病人乐呵呵地开刀的话，那像样吗！鲁迅先生笑不出来，也不怎么爱笑，所以他的照片也好，画册也好，都是一副不苟言笑的模样。这正符合他的性格，正抓住了他的特点呢！

那么鲁迅先生一定是一个刻板严厉的人吗？

不是不是（你们的发现有板有眼）。鲁迅从小就爱玩，从三味书屋找何首乌梦想成仙，到看社戏偷蚕豆解馋，他的调皮跟每一个普通的孩子都是一样的呢；即便到了鲁迅先生年长的时候还有人叫他"胡羊尾巴"，他时不时来点小淘气，动不动开个小玩笑，特别是跟自己亲近的朋友、学生在一起的时候，更是常常逗得大伙哈哈大笑，简直就是一个老顽童。

读鲁迅先生的文章，你觉得自己的情绪有变化吗？

嗯嗯，这个不好说（你们觉得有点为难了）。读百草园的泥墙根这一编时，那是无拘无束的快乐；读外婆家看社戏这一编时，有点懵懵懂懂的迷糊；读传说、故事、笑话这一编，有点好玩也有点搞笑；读家乡的人这一编时，心里隐隐有点不太好受；读眺望童年这一编时，就变成沉甸甸的难过了。最读不懂的是家乡的人这一编喽，明明这一些人都是那么可笑的，却偏偏一点儿也笑不出来。鲁迅是那么爱自己的家乡以及家乡的亲人，但是为什么他笔下的人都那么奇奇怪怪的呢？鲁迅明明骨子里爱着这批人，但是下笔为什么又把他们批得那么狠呢？

是呀，为什么呢？

有一个同学语出惊人，得出了一个高论：鲁迅可真调皮。

既然鲁迅带着那么复杂的感情写了那么多家乡的人，那么就让我们去认识和了解这些人，所以课堂的第二个板块就是走近他笔下的人物。为了让讨论进一步聚焦，你们以投票的方式决定重点讨论鲁迅笔下影响力最大的人物——阿Q。

大家总结了阿Q的经典语录。按照在《小学生鲁迅读本》中节选的内容，分别是这些：

当他吃亏的时候，他就说："你还不配！"

当他打败的时候，他就说："我就算是被儿子打了，现在的世界真不像样！"

当他看到比自己弱小的人的时候，他就说："你算是什么东西呢！"

当他被捕时，他说"人生大约有时候不免要抓进抓出的。"

当他懊恼画圆圈画不圆时说："孙子才能画很圆的圆圈。"

临死时他说："过了二十年又是一个……"

围绕着这些语言，以及这些行动背后串出来的故事，你们进一步讨论阿Q是一个怎么样的人：

学生一：他是一个愚蠢的人。明明是一个下贱的人，为什么要去攀亲？明明打不过别人，但是还要处处招惹别人，难怪讨人嫌。

学生二：他就是爱装。穷就穷嘛，非得说自己有高贵的朋友。连什么是革命都不知道还跟着瞎胡闹，最后把命都搭上了，真是活该。

学生三：他特别作。跟王胡吵架这一场就看得出，没事去招惹别人干什么呢？这一顿打完全是自己招来的，一点办法都没有。

学生四：归根到底，他是一个自欺欺人的人，生活在无尽的欺骗中，而且骗的是自己，实在是太可笑了。

最后你们得出了一个结论，这个阿Q就是当前网络流行并且热议的一类人——"戏精"。这一类人，动不动就在朋友圈刷一下存在感，时不时就在周边人中给自己加个戏码，特别能演，特别能装，还特别会作！

原来阿Q并不是一个过去的人，书中的人，他还是一个现代的人，身边的人。这个阿Q根本就没有走远，他其实一直生活在我们的身边，甚至就是我们自己。

穿过几十年的历史沧桑，阿Q依然神采奕奕。鲁迅先生写的这个人是如此栩栩如生，又是如此现代时髦，这真是一个经典人物！

厉害了，鲁迅！

分享会的第三个环节是你们最期待的，也是课堂中一贯最热烈的——辩论。在此之前，你们收集了很多辩题，如：鲁迅的作品适合小学生吗？鲁迅的故乡和你的故乡哪一个更让人喜欢？闰土和祥林嫂哪个更可怜？阿Q和孔乙己哪个更可笑？精神胜利法到底是良药还是毒药？……最后大家觉得要挑战一下思维含金量最高的辩题，也就是最后一个选择，经过老师与同学们的再三斟酌，辩题最后这样描述：有人说阿Q的精神胜利法是毒药，使人愚；有人说阿Q的精神胜利法是灵丹，使人愉。对此，你怎么看？

这一次同学们自由选择正反方，两方人数差不多，可见会是一场激烈的争辩。为了让大家在辩论的时候能够从不同角度来展开，所以正反双方各有十分钟整理与收集观点的时间，然后才是正式进入自由辩论的环节。以下是二十分钟自由辩论的精彩发言：

正方：各位同学，我方的观点是精神胜利法是毒药，使人愚。我们都读了这个故事，刚才还再次重温了部分的故事情节。阿Q的人生就是一个悲剧，导致他不幸命运的罪魁祸首就是可笑的精神胜利法。

反方：各位同学，我方的观点正相反，我们认为精神胜利法是灵丹，使人愉。我们读了小说都感觉阿Q很可怜，很可笑，但是这只是你们的看法。大家发现了吗，他的生活是很欢乐的，不管碰到什么情况，只要用了这个方法，他就能够马上开心起来，这就是他的精神支柱啊。难道连这么一点快乐大家都要剥夺吗？这个精神胜利法正是他活下去的动力，所以怎么可以让他丢弃呢？

老师：很好，正反双方都旗帜鲜明地发表了自己的观点。继续往下辩。

正方：请反方同学注意，精神胜利法所带来的快乐是虚假的，也是短暂的。为什么要这样自欺欺人呢，不如做一个老老实实的穷人，那才能获得真实的、快快乐乐的生活。

反方：我们也请正方同学想一想，像他这样一个最低贱的人能够获得真实的快乐吗？还有，凭什么说这样的快乐就不真实了呢？请你读一读他与王胡打架之后的段落吧，你没觉得他已经很快乐了吗？所以我觉得精神胜利法就好像一种最好的心理治疗法，疗效很好！

正方：你只看到他装出来的笑，你看到他身上的伤了吗？

反方：身上的伤是小意思，心理不健康才是大伤呢！

正方：你觉得这样的自我逃避心理健康吗？

反方：这是一种自我安慰！

老师：双方唇枪舌剑，火药味很重，你来我往，都很有理。提醒一下哦，如果补充一些你身边的例子，将会更有说服力。

反方：我就来说说我们班级中的小阿Q。有一个同学他学习不太好，也是经常被老师批评，但是我看他每天都是蛮开心的，你说这有啥不好的呢？成绩不好并不代表不能开心，我还很羡慕他那么没心没肺呢！

正方：我觉得这个例子很不恰当。假如让你选择，你会选择做他吗？一定不会的，所以也不要装成什么都无所谓的样子，而是应该努力赶上去啊！

反方：请正方注意，我是说虽然我无法选择成绩好，但是我依然可以选择开心，这就是精神胜利法带来的好处。

正方：也请你警惕，如果你一味地这样麻痹自己，只会变得越来越差！

反方：但是，我并没有说他差，他不努力呀！

正方：当他为自己的差找到借口的时候，他还会努力吗？

老师：打断一下，双方好像在讨论成绩么，稍微有点跑题。不过你们的辩论给了同学们新的启发，也就是在我们身边，甚至在我们身上，或多或少都有一点精神胜利法的存在，这一点大家能达成共识吗？

正方：有点。

反方：同意的。

老师：那我们是不是把话题做一个调整，你认为在什么情况下精神胜利法是毒药，在什么情况下精神胜利法是良方？

正方：精神胜利法使人逃避的时候，一定是毒药。就好像缩头乌龟一样，碰到事情，老是躲躲躲，这怎么行。

反方：我觉得躲一阵是可以的，但是不能躲一辈子。躲起来想一想，歇一歇，这没什么错呀。

正方：是的，躲一阵子可以，但是关键是看后面有没有新的行动，好的行为。否则能有什么用呢？

反方：这一点我方表示认同。同时我要强调，精神胜利法如果能够带来新的动力，好的心情，就有它存在的必要。

正方：请反方同学注意，好的心情不是精神胜利法可以存在的通

169

行证，我方觉得，它存在的通关宝典必须是正能量的。像阿Q这样的做法，不仅伤害别人，也伤害自己，这种两败俱伤的胜利，绝对是失败！

反方：请对方辩友不要回避一个事实，那就是不管你承不承认，精神胜利法在每一个人的脑海里都根深蒂固。所以我们需要讨论的话题是如何更好地使用这一种方法，而不是完全地丢弃。

正方：反方同学请不要以偏概全，我们也并不是完全地说不要，而是友善地提醒你们——药量不要太大，毕竟是药三分毒！

老师：从同学们的笑声中我感觉到正反双方从分歧走向了共识，对于精神胜利法有了更深入、更客观的认识。那么最后我们再请正反双方小结一下各自的观点。

正方：精神胜利法不是一个好办法，被害死的阿Q就是一个铁证。我方坚持，不能让逃避的、阴暗的精神毒药继续在身边蔓延，我们呼吁，让阿Q长眠。

反方：每一个人都正在使用精神胜利法，所以它依然有生命力，我们还是能够接受它，正确地使用它。精神胜利法本身并没有什么对错，关键还是使用与掌握它的人。所以我方始终认为，要用好精神胜利法这一把双刃剑，让我们的生活走向胜利！

辩论过程中，大家对于精神胜利法的认识从表面走向了深入，从书本走向了生活，从单一的否定走向了客观的思考，这是辩论课带给你们最大的收益。

再回到鲁迅这个划时代的作家上，从他的系列作品到他的笔下人物，同学们的视野慢慢地变得开阔，对他的认识也慢慢地走向立体。正如那幅不变的画像变得更加多元一样，大家对于鲁迅的了解也渐渐地深入，特别是对于他冷峻的笔锋，深刻的内涵，有了直观、切身的体会。同学们从鲁迅的不苟言笑中感受到了他"悲天悯人"的情怀，从他尖酸老辣的文风中触摸到了他深厚滚烫的情感。"调皮"的鲁迅，把自己掩盖得厚厚实实，但是同学们还是看到与读懂了一个真实的他。

所以，谁说小学生读不懂鲁迅？

谁说我跟谁急！

"三心二意"新解

　　作业本上有一道题，用"一边……一边……"造句。我发现有些同学填得很有意思，就选择了几位同学让他们读一读，大家一起来讨论讨论：

　　学生一读："放学回家后来到小书房，我一边听音乐一边做作业。"

　　学生二读："联欢会上，我一边唱歌一边跳舞，我的表演受到了大家的欢迎。"

　　学生三读："周末，我一边喝着爽口的可乐，一边吃着香喷喷的炸鸡，真过瘾。"

　　学生四读："美术课上，我一边画着画，一边做着数学作业，动作很快。"

　　孩子们一听就七嘴八舌地讨论开了，一致指出三四位同学的造句是错误的。"'一边……一边……'指的是一个人、一个时间段、一起完成两个工作或者任务——但是一张嘴没办法同时吃两样东西，一只手没办法同时干两件事情，所以这是一项"不可能完成的任务"，自然是错误的啦。"

　　被认为造句错误的同学有点不甘心，也有点不明白，在座位上歪着脑袋发问。

学生三说:"我把可乐和鸡翅一起放到嘴里吃不行吗?"

学生四说:"我一直在画画的同时做数学题,完成得很好啊。"

同学们哈哈大笑,有的说这样一起吃一定会噎死,有的说这样一起做一定是有八爪鱼那么多手掌,还有的说学习三心二意还好意思大言不惭啊。

我让同学们安静下来:"告诉大家,之所以有不少同学会犯这个错误,是因为混淆了'一起'与'同时'的微小区别。一起,只是强调了两件事情或者两个举动在一起,而同时指的是在符合两个条件之下,还要符合第三个条件——同样的时间。所以'一边……一边……'这个造句提醒我们它指的是一个人在不同项目中可以统一完成的指令。这个词很有魅力,可以展现一个人多才多艺,比如一边唱歌一边跳舞,可以表达一个人多官能的平衡和合作,比如一边做作业一边听歌……"

我还没说完,第四个同学站起来说:"郑老师,我觉得这个造句还是有点问题的,比如我妈妈就不允许我在家里一边做作业一边唱歌的,说我是三心二意。"

"哈哈哈",同学们再次捧腹大笑。这个机灵鬼,允许自己在美术课上一边画画一边做数学题,却不允许别人一边做作业一边听歌,典型的钻空子。今天我得好好地跟他过过招,让他学点真本事。

于是我不急不躁,继续解释给他听:"其实啊,三心二意未必不是好事。如果你在一段时间内可以同时完成几件事情,那这样的三心二意值得发扬;如果你在一个时间同时面对几件事情,但是没有一件事情可以保质保量完成,那这样的三心二意就得改正。你想一想,小猫是不是一边钓鱼一边追蝴蝶，结果蝴蝶没有追上，鱼也一条都没有钓上来，这是不是叫作竹篮打水一场空啊？"

"哦，明白了。"他摸摸后脑勺，点点头。没想到从"一边……一边……"开始暴露出问题，也没想到在"三心二意"里又得到新的解读，此时他肯定有点发蒙，只是不好意思再问，也没法子再和我强词夺理了。

看着他一团乱麻的苦恼状，我倒是有点不忍心了。其实我喜欢这样的"偏偏不一样的"任性，这些孩子的思维角度以及思考方式虽然与众不同，但是正说明他们有创意、有想法，不能因为有时候他想偏了就一概否定，而是需要积极引导他发展高阶思维，培养思维的严密性。

我继续不动声色地问同学们，"既然我说三心二意在现代也有它值得推广的地方，那么同学们想一想，有没有这样的例子可以用来印证一下呢？"

小机灵鬼反应很快，马上想到了一个例子，说道："美术课，我一边在纸上画着画，一边在脑海里构思把它编成一个有趣的故事。"

我不由为他点赞。这孩子聪明啊，把手上同时做的两件事情改成一件想一件做，最有智慧的是，还巧妙地拍了我的马屁。这情商这智商，真是未来可期啊！

其他同学也为他鼓掌。这个造句一下子打开了同学们的思路，各种有创意的"三心二意"闪亮登场：

我一边听相声一边记录幽默的语言，我的"采蜜"本多了很多新词汇。

我常常一边听英语单词一边快速默写下来，这样的记忆方法很有效。

爷爷一边下着棋一边转动着手上的大核桃，真是健身健脑两不误啊。

……

我看着同学们脑洞大开，造句一个比一个精彩，便让他们打开作业本，重新完成造句。从造句到探讨三心二意，我们今天的话题扯得有点远，但是我认为这很有价值，比仅仅完成一项作业更有意思，也更有意义。

"大家想一想，从小到大，不管是从老师还是家长那儿，抑或是书本当中，我们都学会了一个道理，做任何事情都必须要专心致志、一心一意，否则的话就会像小猫钓鱼，一无所获。可是渐渐地每个人都会发现，很多时候必须要学会三心二意才行。

"为什么呢？因为周围的环境没有创设出一种氛围可以让你一心一意做一件事情，通常情况下，都是几件事情，甚至十几件事情必须同时推进。而且在这样一个高节奏、高密度的信息时代，对于时间、效率都有超乎寻常的要求，'多手连弹'的能力才是符合时代和社会发展需求的。所以'三心二意'有时候检验的是一个人的统筹能力与灵活程度。"

"话说到这里，我们还得继续思考，难道一心一意不对喽？"

"从道理回归到现实，让我们能够比较理性认识这一点。能够一心一意地做，自然是不错；而在三心二意的情况下，不但能做，而且能做好，这才是更胜一筹的。所以，别以为三心二意一定是一个贬义词。小猫钓鱼，错在它三心二意但是一事无成。假如它又能钓到鱼又能捕到蝴蝶，那岂不是两全其美吗？"

"因此,我要给三心二意这个词语平反。因为三心二意而一事无成的结果导致这个词语变得不受欢迎,乃至被人鄙视。但是,当你身处情境之中时,你会恍然大悟,原来道理是一回事,而现状又是另一回事。仅仅明白道理,往往会被现实教训。真相是,三心二意不仅需要,而且必要。从某种角度来说,因为三心二意,才有三头六臂,进而事半功倍。"

在今天的课堂上,我和孩子们从造句聊到做人,从"一边、一边"聊到三心二意,一不小心"三心二意"了一回。但是这样的三心二意,何尝不是别有新意呢?

文明人也会"掩耳盗铃"

今天的作文课是看图作文。孩子们对于这一种写作形式并不陌生,最初练习写话就是从看图开始的。但是大家觉得很困惑,现在都五年级了,怎么还看图写话呢,这不是太幼稚了吗?我笑着跟孩子们解释,一、二年级的看图写话重点在于看,把你看到的有顺序有条理地记录下来就可以了;那么现在的看图习作呢,它的重点在于想,要把自己看到的联系生活、联系当下,写出更多的思考或者启发。

同学们似懂非懂地点点头。也难怪,小学阶段的文章基本以"叙事"为主,而这一篇文章侧重于"说理",对学生的思维提出了更高的要求,也是帮助学生慢慢做好中学学写议论文的过渡与衔接的文章,所以这一节课一定要帮助孩子打开思路、进行广泛讨论,为深度的剖析搭建学习的脚手架。

这是一幅漫画。画着的是在候车站上,三个文质彬彬的男人占据了母子候车道,却对一旁抱着孩子的女人熟视无睹,漫画的一角做了三个字的批注:"假文盲"。

论观察,孩子们是擅长的。他们从环境、人物、场景等多个维度开展了观察,甚至细致到几个人物的衣着、神色、站姿。但是当问到他们看了图以后有什么思考或者感想时，孩子们的思维就闭塞了。好不容易有一个孩子站起来，简简单单地评价了两个字——自私。

这两个字虽然简单，却是抛砖引玉，是从浅层思考走向高阶思维的一座桥梁。于是循着这样的线索，我让孩子们想一想：你是否也觉得这些人很自私，而这些自私的举动会让你联想到生活中哪些类似的现象。

一石激起千层浪。学生的思维从一个小小的公交车站打开，慢慢地辐射到更多的公共场合，联想到更多类似不文明的现象：

有学生说，在小区里经常看见有人把私家车停在消防车道上，万一有火灾发生，那后果不堪设想。

有学生说，在楼道里经常看见有人把报纸啊，鞋柜啊，放置在通道里，霸占公共空间，这也是一种错误而狭隘的私心在作怪。

有学生说，在图书馆、新华书店也会出现这样的情况。天热很多人去享受空调，这本来没有什么可指责的，但是不好好看书，不好好爱书，发出大声的嬉笑声，把饮料与食物带入其中弄脏了书本，就很缺德。

……

这是孩子思维的进阶产物，他们跳脱了图画的限制，在更开阔的时空建立关联，也把静态的凝固的现象变成当下依然存在的问题。注意，这个问题不一定是别人的问题，也有可能是自己的问题、家人的问题，所以当看到问题的时候，还要进一步去建立联结——这样的假文盲你见过吗？你抱着怎样的态度呢？

所以我进一步让孩子们思考，你是这样的假文盲吗？在你身边有这样的假文盲吗？

孩子们沉默、不以为然。有一个孩子在座位上小声地嘀咕着："真傻！"——言下之意，我才不会犯这样的低级错误呢！

这正是需要我带领孩子们继续突破的瓶颈。而且它点醒的是我们每一个人。但学生往往以为这样的行为都是遥远的、不可能发生的，具有一种不自觉的疏远感。当他们在思想深处认定这是"不存在"的，笔下之文也就失去了赋予血肉、情感、思想的可能性了。

我是有备而来的，我给他们举了一个以前毕业学生的"假文盲"现象："那是一个机灵的男孩子，学习各方面都不错，但是他有点自以为是，而这一点恰好成为他最大的弱点。那段时间正是共享单车刚刚在杭州兴盛起来的日子，很多公共场合都摆放了各式各样的自行车，漂亮又方便。有一天他看中了一辆公共自行车，就把它骑回了家。这辆车骑回家以后，他觉得很满意，就想把它变成自己的，于是他拆了原来的锁，装了自己的新锁，而且还在龙头上漆上了一抹胜利的红色。正当他为自己的杰作而沾沾自喜的时候，派出所却找上了门……结果大家肯定知道了，不仅被没收自行车，照价赔偿；还通报学校，点名批评。"

一开始同学们还嘻嘻哈哈，觉得这个同学"挺酷"，后来当听到事情竟然闹到派出所都来调查了，一个个瞪大了眼睛，有点不可思议。他们没想到剧情会这样反转，也没想到一个小小的不经意竟然会惹出这么大的祸。

那么从漫画上的假文盲现象联系身边的假文盲案例，同学们可以获得怎样的启示呢？

一个学生说："这让我明白了，原来自私不仅是一种贪便宜的行动，甚至还可能酿成大祸。假文盲的背后，呼唤的是每一个人的公德心。"

一个学生说:"这小小的一幅漫画却像一面镜子折射出社会丑陋的一面。讽刺的不是别人,可能正是我们自己。所以要警惕,在我们内心,在我们身边,有没有这样故作聪明的睁眼瞎、假文盲。"

一个学生说:"这就是现代版的掩耳盗铃。其实这根本就是一种损人不利己的行为。不仅可笑、可怜,也值得我们思考、警惕。"

我把同学发表的感言择要写在黑板上,重点画出——"现代人的掩耳盗铃"这几个字。顺着这个线索,我提醒同学们继续比较思考——假文盲与掩耳盗铃的人有哪些共同之处呢?

同学们的思维经历了打开、联结、对比,这时候已经豁然开朗。逐条概括出自私性、欺骗性、危害性、可笑性等几个共同特征。那么这一篇文章可以怎么确定主题,发表观点呢?孩子们七嘴八舌,提出了多种角度,题目也夺人眼球,如《假文盲与真缺德》《莫让掩耳盗铃再上演》《公德自在人心》……

看到孩子们不吐不快、眼中有光的样子,我知道习作指导水到渠成,接下来可以让他们动笔了。一篇习作,当孩子们只会照本宣科、只有老生常谈的时候,这样的练笔过程必然是枯燥乏味、缺乏动力的;而当一个话题能够在孩子脑中激发起思考的涟漪,让他们觉得有话想说、有话能说的时候,学习的积极性自然而然就被调动起来、激发出来了。

看着孩子们唰唰动笔的专注模样,好期待批改他们的文章啊!

向着明亮那方

六年级上册有一个单元是诗歌主题——《轻叩诗歌的大门》。在这个单元中同学们以各种各样有趣的方式亲近诗歌：举办了诗歌朗诵会，开展了诗歌知识竞赛，编写了诗歌小报。而最让他们念念不忘的是创编儿童诗，编绘儿童诗集。要说他们之所以产生这样的雄心壮志，还得感谢书本上的两首儿童诗，是这两首诗激起了他们的兴趣，也是这两首诗让他们觉得自己也有潜力可以试一试。

第一首儿童诗《致老鼠》说了一大段要跟老鼠做朋友的奇思妙想，最后还兴致勃勃地提出一个与众不同的建议："我还要给你们/介绍个朋友/它的名字叫猫。"谁不知道猫是老鼠的天敌呢，老鼠如果听到这个提议估计得吓得抱头逃窜了吧？写这首诗的小朋友一定是要捉弄老鼠呢；第二首《爸爸的鼾声》更有意思，你听鼾声竟然像小火车："咦/爸爸的鼾声停了/是不是火车到站了"，其实有可能是爸爸睡醒了，也有可能是爸爸翻了个身就不打鼾了，这平平常常的事在诗歌里却变得很有意思，仿佛让人看到一个有趣的孩子正悄悄地猫在爸爸的身旁，研究这鼾声入了迷呢！

同学们读这两首诗的时候真可以说是神采飞扬、兴高采烈。因为这两首诗太好玩了，写这两首诗的作者太有意思啦！而这么好玩又有意思的事情他们怎么可以错过呢？所以同学们就觉得自己也要写一写儿童诗。既然要写，那么就要先看看儿童诗中到底藏着什么奥妙，同学们的眼睛还真亮，七嘴八舌马上就说到点子上去啦：

"没想到给老鼠介绍猫这样一个朋友。"

"没想到爸爸的鼾声是小火车的鸣笛。"

"是啊，就是没想到，正是没想到才让人觉得特别有意思。"

"对，对，对！'没想到'就是儿童诗最吸引人的地方：异想天开，出人意料！"

同学们摩拳擦掌、跃跃欲试，感觉写诗这一件事情容易得很——把几句话变成几个小节就 OK 啦！这样一连写了几天，教室的展板上的作品展示了几个回合，原来兴致勃勃的同学们慢慢地有点蔫了，一些"小诗人"还现出一种自我嫌弃的表情：

"怎么我的诗歌当中的'没想到'显得那么没劲呢？"

"为什么写来写去大家写的都差不多呢？"

"几句变几行虽然简单，但是读起来没啥味道啊！"

确实，这件看上去很简单的事情其实并没有那么简单。大家之所以一开始自我感觉良好得爆棚，是被儿童诗浅显的外表所蒙住了双眼。到底什么是好的儿童诗，在儿童诗当中还藏着什么奥妙呢？大家搁下笔希望得到解答。

这时候金子美玲出现了。在同学们读书中选登的儿童诗时，老师也在积极收集其他更多的儿童诗集分享与推荐给他们，大家一边创作一边欣赏。随着阅读篇目的增多，目光越来越被金子美玲的作品所吸引。这个 20 世纪 20 年代的日本童谣诗人虽然去世的时候年仅二十六岁，其作品一度被世人遗忘，但是每读一首她的小诗，都好像看到了一个真正的天真烂漫的小姑娘：一会儿满身泥地玩耍，一会儿一脸呆萌地提问，一会儿又嘻嘻哈哈地钻进了草丛里，任谁都无法从她的一举一动中转移目光。

金子美玲最符合大家的心意，而她的作品中的"想不到"更加丰富，更加精彩。于是在同学们热情慢慢冷却的时候，老师把金子美玲的诗集《向着明亮那方》及时地发给了每一个同学，让他们一边读一边继续发现：金子美玲的诗你喜欢吗？她有哪些地方让你"想不到"呢？

你们一打开诗集，目光就被紧紧吸引住了。好吧，就这样跟着金子美玲，深入更多"想不到"的"明亮之处"去。

静静的一节课，孩子们都在静静地与金子美玲对话。如果说书本上的两首儿童诗带给他们的是浅浅一笑的话，那么金子美玲的这一首首诗歌带给大家的则更多的是思考与好奇：金子美玲的诗歌中有哪些"想不到"？这些"想不到"又有什么与众不同之处呢？为什么她的诗集中会有源源不断的"想不到"呢？

在《桂花》这一首中，诗人这样写道："桂花香，满庭院／大门外，风吹来／进来还是不进来，风儿小声商量着呐。"难道连风都会被桂花香吸引吗？真让人想不到。他们是在商量着带一瓣桂花香走吗？读着读着好像就已经随风吹来了一股淡淡的香。再看《露珠》这一首诗，诗人这样写道："对谁都不要说／好吗／清晨庭院的角落里／花儿悄悄掉眼泪的事／万一这件事说出去／传到蜜蜂的耳朵里它会像做了亏心事一样／飞回去还蜂蜜的。"原来小蜜蜂传播花粉还会弄疼了小花儿，小露珠就是小花蕊的泪珠呢，真是让人想不到，读着读着感觉好像真的看到了一朵娇滴滴的小花儿了。而在《果树》这一首诗中，诗人又是这样写的："花谢了/果熟了/果子落下来/叶子掉光了/然后又发芽/开花/就这样要重复多少次/这棵树才可以歇息呢？"这些在别人眼里平常不过的自然现象，诗人却替果树觉得辛苦了，真让人想不到。读着读着仿佛也感觉到一个胡子花白的果树老爷爷在轻轻地叹息了。这一篇篇往下读，一个个想不到扑面而来——看上去那么漫不经心，但是细读起来又是那么让人怦然心动。就好像是替自己说的，自己写的，但是分明又都不是自己所能表达出来的。这里面到底藏着什么奥秘呢？大家纷纷发表自己的想法：有的说她的拟人法用得特别神奇，有的说她的比喻实在是出人意料，有的说她的口吻好像在与你对话，有的说她有一颗真正的童心……

同学们在讨论，老师把大家的发言记录在黑板上，慢慢地，黑板上就写满了词条。大概这就是你们所理解到的金子美玲的诗集带给人的"想不到"。但是这还不够。老师引导同学们把这些项目按照重要程度进行排列，最后又出了一个狠招：如果只能留下一个最重要的奥妙，你觉得是哪一个呢？

一石激起千层浪。同学们一开始关注到的是技巧，比喻啊，拟人啊，希望破解哪一种技巧在儿童诗中是必不可少的；但是马上他们发现金子美玲的诗歌中并没有太明显的技巧痕迹，甚至都画不出什么好词好句。但是她的诗总让人觉得有一个真正的小孩子，她在观察世界，她在亲近自然，她在发现问题，她在和你讲话。哦，对啦，金子美玲的诗歌最打动人的地方，是她的小，是她的真，还有她的纯朴，她的透明，她的无邪……

说到这儿的时候，有一个同学忽然感慨道："哎，和金子美玲相比，我好像是个'假小孩'啊!"

大家都笑了。这也是"想不到"的发现啊!

此时，已经将近下课。可正当老师笑着要拉开教室门的时候，发现门锁坏了；再走到后面，竟然也是反锁着。老师和同学是要被困在教室啦!

笑声更热烈了，老师走到门边，轻轻地说："喂，请问你想干什么?"门自然不说话，但是还是打不开。于是老师转过身来跟同学们说："也许这是门的调皮，也许这是金子美玲给我们出的一道难题。那就拿出笔来，大家再来试着完成一个新的儿童诗作品——《调皮的门》。"

这下子大家来劲啦。这个选题虽然来得突然，但是却也来得正是时候。既然金子美玲的诗集告诉大家要把自己当成一个真正的孩子去构思，那么这个门自然也可以变出一些让大家意想不到的有趣的诗句吧。

于是大家立刻安静下来，唰唰唰，只听见笔尖在走动的声音。不一会，几个有趣的作品真的诞生了：

上课了，	门真讨厌	门啊	你进来了
很多人进教室。	把我锁在里面	你怎么就这么倔强呢	又出去了
门呀，	我轻轻敲敲它	推你	哼哼
高兴坏了。	它还是一理也不理	拉你	你从来没有注意过我
张开了嘴。		让钥匙叫你	
		你都爱理不理	
下课了，	哼		我生气了
那么多人要走了。	你再不放我出去	哦，我懂了	我咬牙切齿了
门呀，	我让警察叔叔把	昨天你太累了	哈哈
生气了，	你——关起来!	现在还在睡觉呢!	你再也出不去啦!
咬紧牙关。			

有的同学站在门的角度表达自己的"孤独",有的同学站在孩子的角度体谅门的"辛苦",还有的同学索性把自己当成一个"赖小孩",把门的故事变成两个小孩子吵架的故事,实在是让人忍俊不禁。这样生气勃勃的作品,比起之前的无病呻吟或者生搬硬套,实在是鲜活得多,真的让人有"想不到"的惊喜与快乐。

而这一切的"想不到",最终应该感谢金子美玲与她的《向着明亮那方》,在你们困顿迷惑的时候,照进来这一束奇异的、温暖的光。

第五篇章

推开窗户，期待更好的你

平凡，可以创造意义；错误，可能涌动价值；改变，让生活充满挑战。学习从来不只停留在此时此刻，而是流淌在每个富有仪式感的日子里。你努力的样子最美，一直保持好奇、勇于突破的你闪闪发光！

穿越日

如果让苏轼来尝一尝今天的杭帮菜东坡肉,他可能会如何评价?

如果让孔子与苏格拉底来给我们上一节课,他们将会选择什么样的主题?

如果有机会变成唐僧师徒中的一个,你会选择变成哪一位?

……

语文课堂上,同学们总是会冒出很多这样天马行空的问题,然后讨论得不亦乐乎;六一节的"秀秀季",同学们总是会扮演自己最喜欢的一个人物,然后穿梭在校园的各个角落,书本中的角色、历史上的英雄,哪怕是外太空的生物,都有可能在校园相遇,来一场超级有趣的隔空对话……

每一次穿越都让同学们心驰神往、心心念念,所以在日常的某一时刻,穿越的故事依然会发生。以至于有时候学着学着,大家也会情不自禁地来一个时空翻转,这时候历史上的、书本中的人物似乎来到了课堂,有了一次近距离接触。

比如,那一次……

"如今直上银河去,同到牵牛织女家。"伴随着抑扬顿挫的朗读,这一节课也即将进入尾声。我打算请同学们总体谈谈对刘禹锡的印象，然后自然而然就结束下课了。

"刘禹锡啊刘禹锡，你的心也太大了吧！"忽然有一个同学在座位上感慨万千地嚷了一句，引得全班同学哈哈大笑，也引起了我的注意——那是调皮的小瑞同学。这家伙平时懒懒散散却有丰富的课外知识，是一个不拘小节、才华横溢的小才子。漫不经心的话，却一语道破天机，有自己的独到理解。

"大家别笑，这位同学说得很不错呢！"我走到你的身边说道："愿闻其详。"我做了一个很恭敬的样子。在我们班级中，谁的观点高明谁就是老师，这是我们不成文的规定。看到我一副洗耳恭听的神色，其他同学也赶紧停止了嬉笑，侧耳倾听。

"同学们，淘金是又苦又累又艰难的一件事情，这大家都了解是不是。"他不紧不慢地解释道。"但是呢，刘禹锡却把它写得诗情画意、浪漫无比。竟然要顺着滚滚黄河直上云霄，竟然还能扶摇直上在银河逍遥，竟然还能去牵牛织女家讨一杯茶、饮一壶酒、会一会朋友……大家说他的心大不大？"

"大！"同学们异口同声地回答，又是一阵哄堂大笑。只不过这一次的笑中，增加了更多的理解与认同。如果说原来刘禹锡只是活在书本中的一个诗人而已，那么经小瑞这么一说，仿佛已经跃然纸上，站在我们之间，身上多了很多烟火气。

"不错。"我给他竖起大拇指，表扬他脱口而出的灵感乍现，接着话锋一转："不过你只说对了一半，准确地说，这是一种大格局，不是一般人能够做到的呢！"

同学们都瞪大眼睛看着我，又是一副副"愿闻其详"的神色。而这恰好是我所期待的。课堂从来都不是仅仅局限于书本，局限于课内四十分钟的，在他们好奇的目光中，一个活生生的刘禹锡将更近地向他们走来。

"刘禹锡身上有很多与别人不一样的地方，这个不一样简单地说就是心大，而如果你深入地去研究，就会发现这与他特殊的经历有着千丝万缕的关系。"我学着小瑞的样子，也是不缓不急地说道："李白被称为诗仙，杜甫被称为诗圣，刘禹锡被称为诗豪——这个豪，就是刚才小瑞说的心大。那么他到底经历了什么，还有哪些心大的作品，请你们在接下来的假期中好好地研究一下，然后我们再来深入地理解这里面的奥妙。"

那几天刚好是国庆假期，同学们的自主时间是比较充裕的。关于学科的、抄写性的作业一概不布置，而是让大家一起走近刘禹锡。同学们开始进行了分工，每一个人都有自己要完成的任务。我们班级已经习惯采用小组合作、项目研究的方式来完成这样相对比较复杂的作业。经过大家热烈地讨论，最终分成了四个研究小组，每组任务如下：

一组从他的生平去研究他的心为什么这么大；

一组从他的作品去研究他的心到底怎么大；

一组从他和别人的对比中研究他心大的特点；

一组从他的传说故事中去寻找蛛丝马迹……

大家对于这样的作业是最喜欢的。还没有开始研究呢，已经有些同学策划着要写剧本、做表演，好像这个人物已经活生生地走到了他们中间，等待着他们去发现他身上更多有趣的地方。

接下来的好几天里，不断有同学来与我交流他们的新鲜发现。有的同学跟我说原来刘禹锡一生经历了三次被贬，但是他越变越开心，趁着被贬走遍了祖国的很多名川大山；有的同学跟我说原来刘禹锡长寿，跟他一起被贬的柳宗元因为咽不下那口气就英年早逝，而他呢到哪里都乐呵呵的；有的同学跟我说原来《浪淘沙》一共有十四首之多呢，都是刘禹锡在一路被贬的路上写的，诗中没有低落与伤感，倒有一路高歌的欢畅与豪情。伴随着大家研究的深入，他们越来越觉得刘禹锡天真烂漫、豪迈爽朗。准确地说，他就是一个超正能量的开心boy，即便是在现如今，他那一种波澜不惊、宠辱不争的大气度、大胸怀、大气魄依然是屈指可数的！

终于到了汇报日，也是穿越日。教室里布置的都是关于刘禹锡的信息展板，这里好像是人物博物馆。有的是诗配画，有的是作品简介，有的是人生述评，最豪气的一组是用几句话概括了他心大的原因：

  他有豪放之胸怀，一生三次被贬，《浪淘沙》里尽显英雄本色；

  他有豪迈之性情，二十三年颠簸，《竹枝词》中道出无限美好；

  他有豪侠之大志，从来笑对磨难，《陋室铭》里蕴含哲思高妙……

研究他独树一帜的诗词，才能走入他传奇的一生，才能发现一个超正能量的诗豪——刘禹锡！

"如今直上银河去，同到牵牛织女家……"几个身着汉服的同学，又开始绘声绘色地朗诵《浪淘沙》的组诗。此时此刻，一个个刘禹锡就好像有血有肉地站在我们的中间，特别是小瑞，他的表情、动作很到位，仿佛是刘禹锡本尊的神色。

"请问阁下，是什么促使你写下这样的诗句呢？"我给他来了一个措手不及。不过我心里有底，知道他对于这样的突然袭击，从来都是无所畏惧，而且会有灵光乍现的。

"不知者谓我心大，知我者谓我豁达！"你真如刘禹锡附体，做了一个仰天长啸的动作，同时张口一句总结。

"高！"我给你竖上大拇指，全班同学报以热烈的掌声。

刘禹锡，穿过历史的层层迷雾、拨开时间的重重间隔，我们向你致敬！

家族日

　　五颜六色的菜蔬、形状各异的造型、香气扑鼻的味道、欢乐自由的场面……每年总有这么一天，孩子们不用吃学校食堂的大锅饭，老师们也不限定大家必须要带什么菜肴，就让每一个孩子八仙过海、各显神通，各自准备喜欢的菜品，然后在中午组织一场百家美食餐会，尝一尝各家的菜、聊一聊背后的故事，这就是孩子们心心念念的"便当日"。

　　和谁一起吃呢？这可是一个有趣的选择。和前后座的小伙伴一起，和三五个好朋友一起，还是就和自己班级同学一起……不，这样的吃法显得有点普通，也不够有创意。所以今年的"便当日"确定了一个不一样的组合模式，就是和自己的本家同学、老师一起吃，把营造吃的仪式感进一步做大做足，把"便当日"提升变成"家族日"，让五百年前曾是一家人的同姓人聚拢在一起聚餐聊天，这是不是很有意思呢？没错，把"便当日"和"家族日"串联在一起，就爆发出不一样的火花，让这一个餐会变得更有滋有味呢。

　　活动开始了。我把学校的郑氏家族召集到了草坪上——原来全校共有十二位姓郑的同学，虽然人不算太多，但是也有一个大组的规模了，聚在一起也挺热闹的。大家围坐成一圈，相互先来个自我介绍。一开始大家有几分拘谨，我说"没关系，因为毕竟我们这一家人也是刚刚才相识团聚的嘛"——这么一说，大家心情就放松了，说话的声音也响亮了很多，话题自然就打开了。

这里的郑氏后人都是来自四面八方，忽然因为这个身份而坐在一起，都觉得既陌生又熟悉。首先我们要对自己的姓氏起源有所了解，这样才能对自己的身份有认同感和自豪感。"不查不知道，一查吓一跳，原来郑氏后人都是郑桓公后代，我们非贵即富，都有响亮亮的金字招牌，郑桓公的后人不是公主就是阿哥，我们的身上都流动着高贵的血液。那么以后看到我的时候，请叫我侯爷、格格呗……"

同学们相互逗乐，一下子拉近了距离。言谈间，不觉有点饿了，那就赶紧亮出我们各自的"便当"吧。大家在地上铺开桌布，一道道别致的冷菜铺展在面前。品种繁多，样子也好看，有的色彩鲜艳，真有"五颜六色"的好样貌；有的形状可爱，有带着笑脸的土豆饼，有肥嘟嘟的小猪包；还有的虽然颜色与形状不出众，但是味道真是一级赞，特别是那个柠檬鸡爪，酸甜可口，我差一点都把自己的手指头给吮进去了。

大家这样一边吃着一边聊着，话题就慢慢地转化为便当背后的故事了。有的同学说自己妈妈偷懒，直接选择外卖网红款；有的同学说自己妈妈紧张，一连研究了好几天菜谱，苦恼该怎么完成这一份特殊的作业；有的同学特别自豪，说这一份便当是自己和家人一起完成的作品。这些引得大家一阵赞叹，连忙动手再尝一尝，即便是肚子已经撑得像球一样滚圆。

郑氏家族从郑桓公时代萌芽，到底经历了哪些历史沧桑，又培育出哪些名人后代呢？同学们拿出不少小本本，对这一次聚会大家都是做足了功课的。有的同学翻开了地图，告诉大家在浙江、福建、江西三省，郑氏分布得较为集中。有的同学罗列了数据，告诉大家郑姓人口大约有120万人，约占全国人口的1.2%。郑姓排在所有大姓的第十五位。有的同学做了名人卡，指出郑姓历史名人总共有66人，最有代表性的是下西洋的郑和、收复台湾的郑成功、画竹名扬天下的郑板桥。当然近现代也有，比如，童话小说家郑渊洁，他就是同学们比较熟悉的，曾经创作了不少让小学生喜闻乐见的童话作品呢。

目光从这些历史名人又慢慢地回归到我们这些小后人身上。看到大家吃饱了喝足了，我就问他们"那你们想干什么，为我们的郑家体现一点亮色啊"。于是同学们就七嘴八舌地聊起了自己最想做的事情，有的说说最想跟郑和一样探险，有的喜欢跟郑板桥一样画画，还有的说那他喜欢当兵保家卫国，是不是就是跟郑成功一样了呢……我跟大家说当然也不只有这些人、这些事可以为本姓氏来添光加彩，让自己每一天都过得快乐又有意义，就是为家族做贡献呢；其次，做一些对他人对社会有好处的事也是为郑氏添光彩啊，每一个人能力有大小，力量有大小，但是每一个人都发出自己的光和热，那么就不枉我们是一家人啊。

不知不觉，"便当日"和"家族日"的聚会就将告一段落了。虽然只有短短的一个小时，但是大家已经觉得难舍难分了。再次相聚，要等到明年的这时候呢。明年我们可以做一些什么样的变化，又可以增加一些什么样的期待呢？

我们来做一张家族公约，明年来宣布！

我们来做一次家族名片，明年来授予！

我们可以搞一个悦读会,来交流我们的收获与发现;

我们可以写一首家族歌,把郑氏的传承历史唱一唱;

我们还可以搞一个化妆会,穿越时空来组织一场郑氏大联盟……

看着同学们兴致勃勃、意犹未尽的样子,我把大家的金点子一一写下来,然后逐个让同学们签名。为了实现美好的愿望,我们每一个人都要出一份力;而为了明年的相遇,我们都有一些具体的任务需要完成。

是啊,当"便当日"遇上了"家族日",各种美好的创见就好像喷泉一样使劲地向上冒,充满生机、充满乐趣。

这样的活动,与在教室中上课的那一种一成不变的形式相比,不是一种非常有益的调节与非常有趣的补充吗?

最有意思的一个变化在于我们的关系也有了微妙的调整。原来我们在路上碰到是这样打招呼的:

"同学好!"

"老师好!"

现在呢,我们往往是这样交流的:

"嗨,老郑!"

"哈喽,小郑!"

五百年前是一家。在校园里碰到本家,感觉就像是遇到了亲人,欢喜得不得了呢!

方言日

有一天课间,我听到一个孩子在摇头晃脑地背诵着一首诗:

暗梅幽闻花,卧枝伤恨底。
遥闻卧似水?易透达春绿。
岸似绿,岸似透绿,岸似透黛绿。

他背得自然流畅,动作得体到位。但是周围的同学都笑得前仰后合,好几个还乐出了眼泪、滚到了地板上。

什么情况?我百思不得其解。周围的孩子都不肯告诉我,我可不甘心,像一个"好奇宝宝"一样,拽着朗诵的孩子问这葫芦里到底卖的是什么药。

那孩子神秘地告诉我,接下来他将用"山东话"重新翻译这首诗,让我仔细听,马上就能明白其中的谜底。

孩子清了清嗓子,用非常夸张的山东话重新演绎了一遍,于是我听到了这样的一首诗:

俺没有文化，我智商很低。

要问我是谁？一头大蠢驴。

俺是驴，俺是头驴，俺是头呆驴。

他依然背得自然流畅，动作依然得体到位。但是此时此刻，我也已经和其他同学一样，开始捂着肚子狂笑起来。

原来同样一首诗，因为地域差异，用不同乡音来演绎，居然会有如此大的差异啊，意境突转、画风突变，美景变自嘲，这……这……这也太搞笑了吧。我不打算批评同学们的恶意篡改，但是我也不打算放过这么有趣的一个语言现象。于是就随机在班级同学中进行了一个小调查，大家的老家在哪里，你还会说自己的家乡话吗？

同学们对于这个话题很感兴趣，七嘴八舌地告诉我，其实他们老家来自五湖四海，即便都是浙江人，乡音也各不相同；他们的家乡话也很有意思，只是大多已经不会说了。他们有时候在家里听到父母跟长辈叽里呱啦地聊天能听懂一些，但是大多无法参与其中，更无法流畅地用家乡话跟长辈交流。

听得出，大家对于乡音还是有点依恋，对于方言还是有所了解，虽然在学校里都是使用普通话，甚至在家里也慢慢习惯于说普通话，但是对于家乡话还带着很深的情感，听到方言就感觉到了家的味道。

"不如我们每一个月来开设一个'方言日'吧！"刚才在念诗改诗的同学忽然意犹未尽地建议："我们回家学一学家乡话，然后每一个月来说一说自己的家乡方言，大家觉得怎么样？"

"好！好！"同学们兴致勃勃，都转过来看着我。

"支持！"我也觉得这个主意不错。马上决定，每一个月最后一天为方言日，大家不仅可以尽情说方言、学方言，讲方言笑话，交流方言故事，还可以比一比谁的方言说得最地道。

别看这个活动很土，但是很受同学们欢迎。在这个活动中，来自天南海北的同学们分享了方言背后的故事和趣闻，每一个人对于一种陌生的语言都有了新的认识与了解，既开阔了眼界，又拓宽了视野。在方言日中，很多关于乡音的趣闻让同学们感受到了中国语言的博大精深，妙趣横生。

有一个来自东北的同学说了一个顺口溜，让大家了解了正如"整"被他们热爱到用来代替几乎一切动词一样，"叮咣一顿"也是受到东北人民眷顾的用法。他说了一连串的"叮咣一顿"——"昨晚叮咣一顿睡，醒了叮咣一顿穿，食堂叮咣一顿吃，迟到叮咣一顿跑，给老师叮咣一顿训，训得我叮咣一顿哭，雨叮咣一顿下，我叮咣一顿等公交，后来和哥们儿叮咣一顿喝，打游戏也叮咣一顿输，今天真是叮咣背，搞得我是叮咣一顿累"……同学们跟着他说，一边说一边乐，最后还活学活用："说东北话叮咣一顿爽！"

有一个来自浙江本地的方言故事，也是让人忍俊不禁，让大家知道了同是一个地域，方言也是千差万别的：做生意的姨妈经常去宁波进货，宁波的老板都非常精通商道设宴款待，姨妈平日里不怎么吃海鲜，在家乡又少见新式做法，就指着餐桌上的几道菜一一询问："这道是什么？""哈？""这个呢？""嗯。""……那这个呢？""呼！"一顿饭吃完姨妈脸色极其不好，只觉得宁波老板言语敷衍态度恶劣。然而在回去的路上，一个关系甚铁的好友听说姨妈的遭遇之后捧腹大笑，连忙解释了这通"乌龙"，也避免黄了一桩生意。"别多想，人家的哈、嗯、呼是在回答你问题啊，哈是蟹，嗯是鱼，呼是虾！"姨妈这才恍然大悟，原来哈、嗯、呼中大有学问啊……最后，这一位来自宁波的同学一本正经地开始敲黑板划重点："哈"是"蟹"、"嗯"是"鱼"、"呼"是"虾"！可别再觉得宁波人态度敷衍了！同学们一边跟着哈、嗯、呼，一边忍不住哈哈哈……

那么大多数杭州的同学，是不是不会因为听不懂而闹笑话呢，也不是，笑话依然多多、洋相个个精彩。有位同学分享了一个在杭网上看到的杭州方言笑话。一天清晨，朋友给同事打电话，问："你在干吗？"同事回答说："偶来动大连。"（杭州方言，"大连"与"洗脸"同音）。朋友回答说："哦，那我在楼下等你。"还没等他同事反应过来电话便挂了，于是乎……等了许久，他的同事依然未下来，他又打电话给同事："你怎么回事儿？你的脸怎么要洗这么久啊？我在你家楼下等了好长时间了！"同事哭笑不得："我在大连，我在大连！"

同学们笑得前仰后合，纷纷表示都是方言惹的祸！

我了解到在班级同学中，绝大部分是新杭州人，一小部分是老杭州人，百分之八十的同学并不会说杭州话。而我呢，刚好是正宗杭州人——留下十八家，西溪且留下，杭州的老底子就是在这个地方，而我从小就生活在这里——自然可以算得上是老杭州人啦！

于是在课余午休，我就承担起这个宣传、推广、普及杭州话的工作，带着孩子们学说杭州话。还把一部分最具特色的杭州童谣教给孩子们，让他们在课前一起背一背、玩一玩：

一只鸡，二会飞，三个铜板买来的，四川带来的，五颜六色的，骆驼背来的，七高八低的，爸爸买来的，酒里浸过的，实在没有的。（这里面最大的特色是"的"读"滴"，而且拖长调，这是杭州最爱的一个修饰音，带着一种眉飞色舞、自在逍遥的感觉）

小伢儿，搞搞儿，搞了不好闹架儿。闹了不好摸娇儿，摸了不好翘辫儿。（这里面最大的特点在于"儿"，杭州话的儿化音就像糯米汤圆一样，要说得软软糯糯，柔柔细细才有味道。）

孩子们跟着读一读，试着说一说，也是笑话百出。有的同学笑着说烫嘴巴，有的同学皱着眉头说难搞，有的同学说着说着哀叹舌头都打结了……确实啊，方言不好懂、不好学，正如有些人感慨的一样：世界上最遥远的距离，不是生和死的距离，而是我明明很认真地说话，你却以为我在逗你玩。

但是学方言的过程很欢乐，孩子们乐在其中。尝试了就要练习，练习了就要运用。说多了，方言也就慢慢地一代一代地传承下去，这一种带着家族气息、带着地域特质的文化，需要孩子们了解、接受、传承，就像一个人的遗传基因一样，一代代地印刻下去，慢慢地形成的就是家的记忆，乡的痕迹吧。

感恩日

"我妈妈是名副其实的母老虎。"

"我妈妈骂起人来都不带标点符号的。"

"我妈妈最大的爱好就是训人。"

……

五月的一天,让孩子们说说自己眼中的妈妈的课堂,结果变成了一个控诉会。孩子们嘴里的妈妈,几乎是千篇一律的。妈妈最经常做的事情——咆哮;妈妈最常说的一句话——你看看别的同学;如果把妈妈比作一种动物——母老虎、大猛狮……

同学们引用热播剧《小舍得》的剧情,一致同意天下的妈妈都"鸡娃",而且疯狂有加、变本加厉。课堂上大家振振有词,素材收集的过程直接变成了申诉与反抗:

我妈妈从来没有表扬过我,只知道骂、骂、骂,催、催、催!

没错,我妈妈也就是这样的。

就是啊,所有的妈妈都是一个样!

也许是长久没有得到倾诉,一旦有了可以倾吐的场合,孩子们心中的抱怨好像雪球一样越滚越大。

但是这样的现象虽然普遍，却并不都是妈妈的错；客观地说，虽然很多妈妈是这样的，但也不是所有的妈妈都是一个样的。作为一个老师，也是一个妈妈，我忍不住想为中国的妈妈们讨一个公道。孩子啊孩子，虽然我有很多不完美的地方，但是我努力的时候，你们可曾看见呢？

作文课上，我没有说太多批评的话，毕竟很多都是实情。再加上孩子们毕竟还小，让他们去体会妈妈的不容易也为时过早。但是我不能让他们无视妈妈的一番"用苦良心"。我没有多说什么，而是给孩子们读了我写的文章，介绍了我眼里的妈妈，特别说到我小时候看到的妈妈与我长大后看到的妈妈的不一样。小时候我发现妈妈常常批评我，长大了以后才发现妈妈其实也常常在背后夸奖我；小时候总是觉得妈妈管得太多，长大了以后才发现有妈妈帮着实在是太幸福了；小时候嫌妈妈做菜的手艺实在是太差了，长大了以后才发现厨房确实大有天地，因为自己还不如老妈呢……

孩子一边听一边笑，说："郑老师你小时候真不懂事，其实你的妈妈很了不起呢！"我反过来问孩子们："嗯，我的小时候不正是你们的这时候，那你看到妈妈的好了吗？"

全班哗然，都说中了郑老师的圈套，原来我是挖了这么一个"坑"等着他们呢。我告诉孩子们，为了让他们长大以后不感到遗憾，所以我们要开展一个"看见妈妈"的活动。

"什么？我们又不是盲人？"

"难道我们平时没有看见吗？"

确实，看见等于没看见，所以要重新去发现。恰好周六是母亲节，于是我就在周五放学时候策划了一个"看见妈妈的不一样——狠狠夸夸她"的活动。并且这个作业的要求与众不同：必须有特色细节，必须要与众不同，必须讲究仪式感……我一边布置学生一边哀号，有些甚至忍不住说，还不如布置一篇作文来得痛快，写不出，拒绝，不要啊。

我当然是义正词严地告诉他们，必须写，一定要认真写好，同时还要开展比赛呢。为了让同学们一心一意完成这个庄重的母亲节作业，我还特地去掉了其他的作业，以便于让他们全力以赴，八仙过海、各显神通。

其实我之所以选择这样一个作业，还有一点一箭三雕的意思——首先是为了更好地体现表达是为了需要，学习"抓住人物"特点的一个切实应用；其次是接下来有一个家长会刚好要说到如何建立良好的亲子关系，其实也是借这样一个活动教育一下父母，尤其是让妈妈们有所触动；最后是为了教育孩子要学会看到妈妈的长处，要理解妈妈的难处，还要放大妈妈的闪光处。这本身就是一种交流，也是一种有效的对话。

当然，这些不能跟孩子们直说，我鼓劲的是比文采、比智商的时候来了，就看谁有真本事可以找到不一样的妈妈了。孩子毕竟是孩子，不一会的工夫，就显得兴致勃勃、跃跃欲试了。为了让他们相互学习与PK，我还特地在网络上建立了一个班级圈，让大家晒成果、晒仪式、晒花样百出的夸奖模式。

在我的"推波助澜"下，一个别致的"狠狠夸"活动终于掀开了序幕，孩子们真的是使尽浑身解数，把自己学到的夸人神功都给用上了。

有的同学翻看了抖音，翻改了几句幽默的顺口溜：我的老妈，貌美如花；即便有点大，也永远就十八；不愁吃、不愁穿，岁岁有钱花；沉鱼落雁、闭月羞花；粉妆玉砌、眉目如画。

有的同学摒弃了老套的一样的比喻，把美丽的妈妈形容为孔雀，把朴素的妈妈比作百合，把有时候发火的妈妈形容为一盒薄荷；

有的同学辞藻很朴实，但是事例却让人羡慕：妈妈独特，因为我考砸了从来不骂我；妈妈独特，因为我胖了陪我一起每天坚持跑步四十分钟；妈妈独特，因为我发现没有她不会的事情，是家里的个人全能王；妈妈独特，因为她会列时间清单，而且总能把所有的忙碌安排得井井有条。

同学们夸得五花八门，也让一个个真实的、可爱的，虽然有缺点但是很努力的妈妈更立体地展现在大家面前。这时候，妈妈们也不淡定了。有的妈妈说我从来不知道自己有那么好，努力努力；有的妈妈说原来孩子这么在乎我，感动感动；还有的妈妈从中得到了启发，学会了用这一招狠狠地去夸了自己的老妈。一时之间，就好像有一股暖流在涌动一样，班级圈沸腾了，妈妈们不淡定了，一种真正的理解、宽容、挚爱在相互融化、涌动。

在活动的最后，我让孩子们票选哪一个妈妈最不一样，最让人羡慕？结果全班一致公认菲菲的妈妈最不一样，因为她"在我考砸的时候从来不批评我"。在同学们惊艳羡慕的目光下，菲菲受宠若惊地替妈妈收下了一大束花——原来她一直觉得自己的妈妈很普通，没想到自己的妈妈还能成为其他妈妈的榜样。而自己呢，也一不小心成为别的同学羡慕的对象，这意外的惊喜让她有点飘飘欲仙的感觉啦。

我把这个结果发在班级群，问其他妈妈服不服；妈妈们一致认为，服气，学习！是的，平凡中的伟大，在全民焦虑、集体"鸡娃"

的今天，妈妈能够保持淡定、不急不躁、不温不火，真的已经是很了不起了。

活动很简单，结果很惊喜。

举办这个活动的那天，最后同学们把它命名为"感恩日"——感谢妈妈的陪伴与支持，呼吁妈妈和自己一起努力，遇见更好的自己。于是孩子们选择放下对妈妈的抱怨、不满，而是聚焦于妈妈让自己感动的某一个细节、某一句话语、某一个瞬间，用心去感受妈妈的爱……

这个感恩日，其实就是一个平常日子，只是因为一个小小的教育契机而赋予了它特殊的含义，它也让孩子们笔下的妈妈变得亲切、讨人喜欢。用它唤醒孩子们的觉悟，用最美、真朴实的表达，看到更加真实的妈妈（也是一个更加可爱的、值得敬爱的妈妈）。

辩论日

有一天,一个男孩和一个女孩掐起来啦。女生又抓又挠,男生的拳头也不是吃素的,两人打得不可开交。俩人被老师带到办公室,还在骂骂咧咧地拌着嘴。

怎么可以打架呢?办公室的老师发动"唐僧说教模式",轮番进行语重心长的教育。老师讲得口干舌燥,俩孩子终于住了手、收了口。但是从女生不断往下挂的眼泪和男生一脸嫌弃与不耐烦的表情看得出,道理的力量地于他们很微小。

是啊,道理俩孩子都懂。但从结果来看,这些没有一点错的道理对于他们来说真的是一点用都没有。表面上他们接受调解,实际上相互不服气。而且从他们的情绪来看,两个人的心里都还憋着一股气,难受着呢。

事实上同学间经常会发生这样的冲突。有的同学爆粗口,有的同学说委屈,有的同学就像结巴似的重复"你,你,你!"一类句式以传递自己的愤怒。他们不怎么会说话,不怎么听得懂话,更不善于让别人认同自己的话,于是矛盾层出不穷。这种在成长过程中不可避免的阵痛,不仅给别人带去麻烦,其实也给自己带来困扰。

有没有一种方法，让大家更理性地处理他们之间的矛盾；有没有一门课程，让每个人更智慧地表达个人的观点；有没有一种课堂，变说教式的课堂为商量式、探讨式、百家争鸣式的课堂，让学生与学生、老师与学生之间，有一场真正的、真实的对话呢？

太难啦！

有老师明确表示："其实我也不会说话"，这是一句真话。老师用语言传授知识，是"中转"的过程；老师用语言阐释道理，是"教化"的过程。转也好，教也罢，是站在高处、置身事外的。这样的对话过程是不对称、不对等、不对流的过程。

但是再难我们也要去尝试改变一下吧。现在网上有一档深受年轻人喜欢的节目，叫作《奇×说》。这一档由著名节目主持人马×、蔡××等人操刀的辩论节目，选择当下年轻人最感兴趣的话题展开辩论，吵得很过瘾，也很有深度。窥探它背后的设计理念，就是激发年轻人建立自己的独立思维以及多元视角。那我们就从这个节目中汲取营养，选择一些开放性的话题，让学生在争辩中学习——对话吧。

说干就干，每一个月总有一天成为"辩论日"，或者从日常争辩中产生，或者从社会现象里截取，或者根据书本人物分个是是非非，总之寻找"辩题"，专门让孩子学习怎么"耍嘴皮子"。

同学们一定不会忘记，第一场辩论的话题就是从男生女生的争吵开始的。"如果上帝给你一个翻转的机会，你希望自己是男孩还是女孩？"这场辩论在于让你们换一个角度认识自己的长处与不足，也多一个角度思考与异性相处的规则与技巧，能够站在一个更新的立场建立自己的交际圈。众所周知，大家在交往与成长的过程中，不可避免会碰到一些困难，一些困惑，把问题转化为话题，让你们来想一想，辩一辩，不失为一个好办法。这样的话题不需要做太多的准备，只需要给孩子们提供一种安全的言说氛围就可以了。说着说着，大家就明白了：女生男生天然地在思维与行动上会有一些不一样的地方，人人都有可爱之处，个个也会有可恨之处，不要纠结于别人的缺点，用别人的错误惩罚自己、搞坏自己的心情。而是要学会和每一个不一样的人打交道，找到自己舒服的位置，表明自己接受的立场，这就是和平之道，也是快乐之源。

第二场的辩题从关注自身的变化进阶，去关注周边的世界——放眼世界，是每一个人慢慢走向长大和成熟的标志。对自己身处的世界，对那些正在发生的事情与变化，能够慢慢形成自己的观察、分析、判断，就是一个少年走向世界的入场券。比如，大家最近关注到杭州大街小巷有一个变化，那就是共享单车一夜之间遍布每一个角落。但是共享单车在让人享受便利的同时，也带来不少麻烦，这时辩题产生了："作为一个杭州小公民，你对于共享单车在杭州大力推进的举措，表示支持还是反对？"对于这样的辩题，不是想当然就能够做出选择的，必须要以调查了解为基础，必须要以数据与分析为支撑，然后才能比较客观而有说服力地发表自己的观点。所以这一类的辩题其实是一个研究小课题，是你们用自己稚嫩但是却独立的观察视角，去分析和认识世界的一个窗口。

第三场的辩题，是你们最喜欢的。那就是源于平时的阅读，特别是针对课外阅读之后的思考与辨析。比如，你们看完了沈石溪的系列动物小说，特别是看完《狼王梦》之后就形成了一个辩题："对于母狼在几个狼子中培养狼王的举措，你是赞同还是不赞同？"这个话题映射了大家在经受的与家长之间的冲突与和解。别以为你们只会一边倒地责怪"母狼"的残忍，其实对于大自然"优胜劣汰"的自然法则，你们慢慢已经有了更加理性的认识与分析。再比如说你们在小学六年级看了一系列的探险小说，如《鲁滨孙漂流记》《汤姆索亚历险记》《格列佛游记》《金银岛》等，又形成了一个新的辩题："假如让你推荐一部探险小说的经典之作，你要把这个桂冠送给哪部作品，为什么？"这个问题指向探险小说的共性，又凸显不同探险小说的个性，是让大家站在文学的角度进行思辨，站在探险内容、探险主题、探险情节等多维度进行审视，这个过程综合了各种信息，也让你们在阅读过程中融入了自己的喜怒哀乐。甚至有的同学在经历了这个过程后自信感爆棚，根据书本的内容进行了续写、改写、创写。从说到写，由辩到创，文学就好像是一对隐形的翅膀，帮助你们更多地享受语言文字带给自己的快乐。这样的辩题源于一个个阅读专题。在一次次深度浏览与阅读过程中，对书本中的世界进行探究。

  毕业前夕，我给大家出了最后一个习作考题：都说汉字博大精深，那就请你选一个字送给自己，并有理有据地说明选择这个字的原因。班级中每个同学的答案都是独一无二的，这让我欣慰，因为你们的思维没有受到束缚，自由而有张力；很多同学列举了自己经历的一场场辩论会的故事，又是如何在学习辩斗的过程中遇见"更好的自己"，这也让我觉得自豪，因为你们感觉到了自己的变化，并且努力在寻找自己的价值。其中有一个女孩子标新立异，选择了武则天的字"曌"送给自己：日，意喻自己要光明磊落；月，意喻自己向往柔和美好；空，意喻自己要内心空远、广阔。许自己一个广袤而通透的未来。写得很独特，也很有思考价值，把整个字合在一起就是表达了多个角度的美好期待。

是啊，这可能就是这一年辩论课程带给你们的自由空间与天马行空的思考：如何做自己，如何有主见、有主张、有主意。

辩论日，它在你们心底开出一朵思考之花，让你们知道原来会想才会说，能说才能辩。愿它在你们未来的岁月中继续弥漫花香，永不凋谢。

惩戒日

"桃花潭水深千尺，不及汪伦送我情！"

上课的时候，我发现大多数同学都沉浸于送别诗的意境之中，只有三个座位挨在一起的男同学表情怪异。尤其是在全班有感情朗读的时候，他们用书本挡着脸，捂着嘴巴嗤嗤地笑着。

下课了，我把这三个孩子叫到身边，发现原来其中一个孩子在送别的两个人手上各画了一把枪，把送别场面变成了对决场面，所以从始到终，他们都没有好好听课，光顾着笑了。而且，即便是下课了，被我留下了，他们还在笑，控制不住地笑。那情景实在是让人又气又觉得好笑。跟他们说道理之类的，显得苍白了；但是假如就此原谅了他们，无异于纵容了他们。我没有多说什么，只是要他们当场背诵这一首诗。由于没有听，他们自然是背不出的。背不出，自然是通不过的，于是我约他们中午午休的时候来补课。这下三个孩子蔫了，灰头土脑地回去了，因为他们知道，这有点麻烦。

中午午饭刚过，几个孩子又兴高采烈地来了，一扫上午的颓靡之气，甚至有几分胸有成竹的得意——这一首诗并不难，所以他们一下子都背出了，脸上现出神气的神情，仿佛觉得麻烦不过如此。

我看着他们得意扬扬的模样，心里觉得好笑：呵呵，这几个小捣蛋，如果以为这样就可以蒙混过关那就太小瞧老师啦。我不动声色，没有让他们一个个背诵，而是分别给他们拿出一张纸，让他们把诗默下来。结果可想而知，错误百出。我把他们的错别字一个个圈出来，圈出一个，说一句：

"唉，这是不专心的后果！"

"唉，画画造成的！"

"唉，低级错误，那么多错别字！"

说着说着，把一个孩子的眼泪说出来了。我不动声色地给他擦眼泪，然后又心平气和地让他们订正，再给他们一句句地讲意思，这样又过去了二十分钟，窗外玩耍的孩子已经陆陆续续地回到班级了。有几个孩子伸出脖子探头探脑，很好奇为什么他们在玩耍这几个却在挨批。有几个胆大的还凑近来看看本子上写了什么，批了什么……

来自同伴的压力比我的批评还有用，他们在同学们一波又一波好奇的注视的目光中显得惴惴不安起来。几个孩子相互递了一个眼神，似乎在说，默写也默写过了，麻烦应该过去了吧，惩罚应该结束了吧。

其实他们的每一个细小的表情都逃不过我的眼睛。他们哪里知道，更大的麻烦还在后面呢。我拿出手表，把上课的时间以及中午给他们补课的时间计算了给他们听，告诉他们上课时原本我还有更好的设想，但是因为他们的打扰，我的课堂没有能够好好完成；中午时原本我还有更多的工作，因为给他们补课，安排好的工作无法继续，询问他们这样的损失怎么弥补？

我说得义正词严，而且不容置疑。三个孩子面面相觑，一副不知所措的样子。我猜，他们心里一定在想，早知道笑一笑、玩一玩会惹出这么大麻烦，我还不如安安心心地听呢！这是我希望达到的效果，让他们自己学会判断，学会分析，才会让他们真正明白，什么时候该干什么，干好什么，这就是对自己负责，否则就要承担相应的后果，乃至惩罚。

说到惩罚，三个孩子都开始挂出眼泪来了，他们一定担心我让他们写检讨书，或者打电话给他们的爸爸妈妈。可是我的惩罚却让他们意外了。我的惩罚必须要有点技术含量，尤其是要让他们记忆深刻，以后再也不犯同样的低级错误。

怎么罚呢？

我不紧不慢地说："既然你们耽误了郑老师的时间，那就罚你们帮郑老师完成一项任务，算是将功赎过。"

"什么任务？"三个孩子异口同声地问道。

"把这一节课损失的加倍弥补回来。上课画画的小妮，你把这首诗描绘的情景画出来，我要展示给同学们看；拿着画画逗乐的乐乐，你把这一首诗的诗意改写成一篇文章，我要读给同学们听；至于一直没脑地笑个不停的小郭同学，你去找同类的送别诗十首，每天把一首抄到黑板上，带领同学们跟着你一起积累。"

"啊？"几个孩子听了，表情非常复杂，一方面为自己不用因此而被班主任老师、家长批评而觉得庆幸；另一方面也为这个不太容易完成的作业而发愁；还有第三方面，他们一定打心眼里对自己上午的行为而感到后悔了。

"当然，假如你们完成得好，我不仅不在同学们面前批评你们，我还会在班上表扬你们，因为你们知错就改，真正能对自己负责了！"

我最后又补充了一句。在他们承担起责任的同时，我也要让他们理解，虽然惩罚有点苦涩，但是知错能改依然可以赢得尊重。

"好吧。"三个孩子若有所思，好像终于明白了上课不专心可能带来的"代价"是非常惨痛的。此时此刻，我所有的教育目的都已经达到了，于是我拍了拍这几个孩子的肩膀，让他们带着我对他们的"惩罚"离开。

说到惩罚，我是向来以为孩子是需要惩罚的——就好像孩子需要表扬和鼓励一样，适当的惩罚，能够让他们更加明晰自己该干什么，不该干什么；更懂得掂量自己的行为和自己肩负的责任。

当然，惩罚有度、惩罚有法、惩罚有谋，这是我们教育工作者需要研究的课题和智慧。一部分老师不敢惩罚，那是因为她不知道如何选择、确定最好的惩罚办法；一部分老师滥用惩罚，自然要受到家长和社会的指责和控诉。

其实，奖励也好，惩罚也好，只要牢牢把握"基于孩子，成就孩子！"这一个准绳，抓住"让孩子变得更好"这个目标就对了。只有那样，才会让教育变得更加清澈，让孩子的成长过程变得更加完整。

清明节里的大发现

这一学期，围绕着《中华传统节日》这一本书的阅读与分享，同学们获得不少以前从来没有发现的奥妙：知道了看电影时吃的爆米花，其实早在宋代时就已经流行，可不是现今才有的新鲜货，也不是舶来品，而是典型的"土特产"；知道了自己最喜爱的"六一儿童节"、妈妈反应最狂热的"双十一"，都不属于传统节日，而属于与时俱进的"新欢喜"；知道了以往从来不太了解的"龙抬头""寒食节"等，都跟帝王将相或者神话传说有关联，寄托着古代人民的美好愿望……

不知不觉到了清明节，同学们忽然对于世界各地的老百姓是否都有祭祖习惯的风俗产生了兴趣，恰好这时候有一部介绍西方祭祖的电影上线，于是很多同学相约看了介绍墨西哥亡灵节文化的《寻梦环游记》，在这个过程中孩子们发现因为文化背景不同，所以中西方祭祖的方式完全不同，墨西哥人是喝喝酒、唱唱歌、欢乐无比；而我们呢，却是烧纸钱、掉眼泪、伤感无限。

当然，也有一样的地方——亲人都会团聚一堂，都会选择一定的方式祭祖，总之这一天都过得比较有仪式感。

清明节期间，中国古代的老百姓他们都会干些什么，又会以怎样的方式来祭奠与怀古的呢？于是老师带领大家走近《清明上河图》画卷，走近当时的风土人情，走到真实的生活场景里去：

"我看见了骑马的官吏！"

"我看见了叫卖的小贩！"

"我看见了划船的船夫！"

……

大家你一言我一语的，看得越来越细致，聊得越来越起劲，就好像堤坝被打开了水闸，水流泄洪喷涌而出，谁也挡不住。这热火朝天的样子，似乎要把三百六十行每行都找一遍、说一遍，那才过瘾呢！

"我看见了外卖小哥！"

忽然有人像发现了新大陆一样喊了一嗓子。大家的目光立刻转向小眼发光、小脸发亮的你。你呢，一贯是语不惊人死不休，今天不知道葫芦里卖的什么药。

"那叫店小二！"有人跟着嚷了一句。

"快——递——员！"你蹦跶得更加起劲了，声音几乎要把房顶给掀了。

而我向来是唯恐天下不乱的，就喜欢往同学们波澜不惊的发言中倒点胡椒粉。我正愁同学们的发现缺少含金量呢，半路杀出这样一个"程咬金"，正是求之不得。

"小哥，你是外卖叫多了吧？"我煽风点火地问道。

你倒是不慌不忙，知道我在激你呢，愈发斗志昂扬起来，向全班同学大大方方地作揖，气宇轩昂地回答："各位看官注意了，外卖小哥在《清明上河图》里可是屡见不鲜，早在宋代就有外卖服务啦！"

大多数同学被你唬得一愣一愣的,不知道是真是假,也有一两个同学嘀咕着说你在这故弄玄虚,但是显然这时候的你好像已经站在了舞台最中央,话筒在你手上握着呢,大家都等着你揭晓谜底。

"那就请你指点给同学们看吧。"我继续做好捧哏的角色。就在刚才对话的那一小会儿,我注意到你手里比别人多了一本厚厚的画册,你肯定是课前做过功课的,不然没有这么大的底气。

你几乎是雄赳赳气昂昂地走上台来的。平日里经常说要勇于挑战老师,青出于蓝而胜于蓝,所以此时此刻的你,大概也非常享受这一个"高光时刻"吧。

你从容不迫地把画册放到了投影仪下,按下放大键,又点了聚焦键,然后大屏幕就定格在一条车水马龙的街上,边上有一家酒楼。然后你拿起了我的鼠标笔,用红外线定点晃了晃,大声地问道:"大家看得清吗?"

我站在一旁看着你,心中暗暗得意。这就是我培养的呢,看看这架势,眼里还有我这个老师吗?俨然他才是呢。大家好像魔怔了一样,跟着他鼠标笔点出的红点点,眼神一动不动的,都想知道小老师到底要揭晓什么奥秘呢。

"大家看到了吗?这个酒店临街而开,二楼的窗户打开着,下面站着一头小毛驴,一个小伙子。"你一边点着鼠标笔,一边娓娓道来。

同学们一眼不眨地看着画册。没毛病,是这样子的。但是这和外卖小哥有什么关系呢?

"同学们看仔细,我这一幅画是按照比例放大的。现在我再把这一幅画放大,你依然看得清细节,然后你会有新的发现哦!"你很会卖关子,说话的腔调一起一伏,随着语气的变化,大屏幕中的画在逐渐变大:"你一定发现了,这一个窗口挂着一根细细长长的绳子,这一根绳子系着一个不大不小的竹篮子,这竹篮子里面放着不多不少四碟菜呢!"

同学们也像发现新大陆一样,惊呼道:真的呢!真的呢!

你朗朗一笑又说道:"所以这小毛驴相当于现在的小电瓶车,这小伙子就是现在的快递员,这酒楼里的菜做好了就这样用一根绳子挂着送到楼下去,然后再由等着的小伙子送到各家各户去,所以他这不就相当于我们现在的快递小哥吗?"

同学们不由鼓起掌来,纷纷叫道:没错!没错!

这时候就好像有一束光笼罩着你的头顶,四周射来的都是崇拜的目光。大家都觉得你特别了不起。

"为什么他发现了《清明上河图》里藏着快递小哥就让你们那么兴奋呢?"我拥住了你,故意装作吃醋的样子问大家。

"感觉亲近了很多,古今好像是相通了。"一个孩子兴致勃勃地回答道,其他的娃儿们也认可地点点头,一双双眼睛里都闪着光。

"那么这些外卖小哥把菜都送到哪些地方去了呢?"我顺着大家的思路继续让他们打开想象的大门。

"清明节——那大概要送去祭祀吧!"

"也有可能是祭祀完了以后,全家人一起团聚的加餐。"

"会不会也有清明果呢?"

同学们你一言我一句的,仿佛走进了画面;又仿佛是画面的人,走近了他们。此时时空仿佛已经贯通,而你呢——好像就是那个打通时光隧道的小仙子哦!

毕业季上的演讲会

场内,你们一个个依次上台——或羞涩,或洒脱,或激扬。虽然教室不大,但是一个个气场很足。我站在一边负责拍照、摄像,你们负责闪亮登场、指点江山。这是最后一节语文课,在小学的最后一天,我们举行一次简单而隆重的毕业演讲,从大家庄重而专注的神情可见,这对你们而言是非常重要的一个时刻。为了这场演讲老师筹划了几乎一个学期,每一份演讲稿都经过精心修改,而你们至少也是对着镜子练习不少于十遍。

场外,一条条点评像彩花一样绽放,爸爸妈妈们虽然不能亲临现场,但是通过直播的形式他们也身临其境。有人对演讲内容表达赞美之词,有人对现场选手进行点评,还有人不由得也对自己的青春年少进行了一次怀想。这些"吃瓜群众"的热情参与,无疑也为本次毕业演讲增添了一抹炽烈的色彩。

场内场外的每一个精彩呈现与热力互动,最后刻成了一张特殊的CD。这段记录了每一个同学声音与主张的录像,成为老师送给你们的一份成人礼,接下来将伴随你们的青春岁月,见证你们各自闪光。

你们一定不会忘记,在演讲中被大家提及最多的一件事情——分鲍鱼。那是四年级的六一节前夕，学校给同学们送出了一份别致的六一节礼物——请每一个同学吃一份小鲍鱼。虽然每一个同学都只有一小个，但是同学们就像"窗边的小豆豆"一样，对这海的味道充满了惊喜与期待。正当每一个人都在细细品尝着属于自己的海的味道时，忽然听到分饭的老师宣布道："还有一只小鲍鱼多出来了，分给谁呢？"一石激起千层浪，班级中炸开了锅。到底让谁来成为这个幸运儿呢？同学们开始了认真地讨论，还进行了庄严地投票，最后这代表着幸福与荣耀的小鲍鱼送给了班级中进步最大的一个同学。为什么大家会如此挂念这个"鲍鱼宴"？想必是因为其中的鲜美是任何一场山珍海味盛宴都难以比拟的，想必是因为当时的投票也是有别于任何一次选举和推荐的。这个事会在今后的岁月里一直温暖着你们，照亮整个班级，成为连接每一个人的纽带与牵挂。

你们一定不会忘记，在演讲中收获掌声最多的一个同学——小廖。这个平时沉默得像块石头的孩子这天忽然显得格外激动。在那么多精心打扮过的同学当中，他选择的服饰是班服，是那件把每一个同学的名字都刻在汗衫胸前的班服。衣服很大，胸前的一个个名字很起眼。他平时不怎么爱说话，但是今天显然做了非常认真的准备，一开头就引用了一段煽情的排比句，博来了第一次热烈的掌声。但从抒情转入叙事板块，他忽然哽咽了，几度说到"想起"又几次低头沉默，好像那些事情都堵在了他的嗓子眼，于是同学们报以热烈的掌声进行鼓励；小廖再次抬起头，那些事情终于被排好了顺序像豆子一样被倒出来，一起踢的那场足球联赛太过瘾了，一起过夜的那次帐篷节真是太爽了，一起拼的那个狼人杀游戏真是太刺激了……但是说着这些乐事的时候，他的眼泪却一串串地掉下来、掉下来。像有什么默契一样，他每说到一件事情，男生中就有人脆脆地吆喝一声"好！"，于是全场掌声，再一次"好！"，又是一阵掌声。这样持续的掌声伴随着他磕磕绊绊地完成了整场演讲。也许平时无数个日子里他只是最默默无闻的一个，也许无数个场合中他都扮演着站在路边鼓掌的角色。但是今天他成了最亮的星，收获了最多的掌声，得到了最经久最诚挚的祝福。小廖，在今后的人生道路上，当你再一次回想这个瞬间，会不会和这天一样心潮澎湃？

你们一定不会忘记，在演讲中最霸气最豪情的誓言——《我的青春不散场，我的人生要飞扬！》。博同学一走上台，就以他的吨位造出"咚咚响"的气场，更以他凛冽的眼神唬住全场，而他一开口更迎来了全场的爆笑。"同学们，小生就是人见人爱、花见花开的天王巨星！咱班的课本剧我演过史上最帅的王子，大家是不是到现在还记忆犹新？是哪，江湖中一直流传着我的传说，我在中学将继续我的传奇，将表演进行到底，让更多同学变成我的粉丝！"博同学，现在你已经是一个高中生了，上一次回校的时候你告诉我你离梦想又近了一步。你打算用执着的信念一步步敲响梦想的大门，而我始终相信，你一定会是那个成功的追梦人。整个小学阶段，语文课就像是你的一个秀场，在一次次课本剧表演中，在一次次辩论会中，你敏捷的思路、激情的朗诵、投入的表演，都曾获得同学们的激赞，所以那既是语文的课堂，也是闪亮的舞台。谁言少年轻狂？谁说梦想不能成真呢？

整整一个上午，就这样按学号一个个上台进行毕业演讲。大家或回忆小学中最难忘的点滴，或展望未来最渴望的变化。讲得激动的时候手舞足蹈、说到动情之处泪流满面，会有哽咽、会有停顿、会有不知所措，但是这又有什么关系呢？重要的是每一个人都上了台，都大胆地表达了关于小学阶段的感受，对于未来生活的展望。讲得好不好并不重要，重要的是在这个大声宣讲的过程中，你们学会了感恩与规划，学会了表达与展现。这个时间节点以一种特殊的方式留存下来，必将又以一种特别的方式滋养你们的未来人生。

有一天你可能会在孤独的时候进入这一个演讲现场。你会发现你不断地提起别人，也不断地被别人提起，你从来不孤独，正如你的成长道路从不是一个人走过一样，现在在你的身边依然有人在和你共同战斗。

有一天你可能会在失落的时候聆听自己当年的演讲。你离成为一个心理专家，还有多远路程；你离成为一个美食鉴定师，还有多少距离。此外，你的探险梦、考古梦是否还那么炙热？时时听听自己少年的誓言，能够不断提醒自己不忘初心。愿你归来还是少年。

……

不论你在什么时候再重温，都不要忘记曾经有这样一个充满仪式感的毕业典礼，有这样一场壮志满怀的毕业演讲。时间可以匆匆而去、青春可以匆匆而去，但是多年以后，当你想起、说起这个班、一个座、一个人、一张脸时，希望你心中依然有感觉、有感谢、有感慨。

不一样的休业式

2020年，注定是非同寻常的一年，也注定是让所有人都终生难忘的一年。这一年必将载入史册——不仅写进中国的历史，而且还将写进人类的发展史。

自然给人类出了一道考题，而中国是第一个答题者。中国的社会治理体系与治理水平，中国的危机干预机制与处置能力，都经历了一场前所未有的大考。没有预期，没有模拟，人人都是应考者，也是打分人。

你，我，每一个人都身处其中——没有人可以置身事外，也没有人能够置之不理。有一段时间大家都很煎熬，但中国人不慌张、不逃避、不放弃。每一个人都把守好自己的位置默默地使劲，每一颗心也都在悄悄地祈福，我们始终相信：没有一个冬天不可逾越，没有一个春天不会到来。中国人上下一心、众志成城，齐心协力抢回被病毒挟持的春天。

所有的人都拼尽全力——医护人员舍身忘己，武警战士奋勇向前，科研人员废寝忘食，还有社区干部、快递小哥无数无名英雄在这个时刻挺身而出，甚至把自己的生命永远留在了2020年的春天。这个让人痛彻心扉又让人热泪盈眶的春天，更让我们如此深刻地理解了一句话：这个世界没有从天而降的英雄，只有奋勇向前的凡人。

也就在此时此刻，在这场没有局外人的"抗疫行动"中，我们还看见学校教育也正被一种巨大的力量强劲改变，一如大家始料未及的那一句话——"未来扑面而来"形容的那样：中国社会观念的升级，已经成为一场无形而普遍的精神涌动；中国教育走到了必须学会创造与输出"完整素养、健康身心"的历史时期，无数已经拥有和正在生成的理性价值观、科学方法论、技术工具包，将会再次重组学校形态重建面向未来的教育生态，生成极为难得的"新生态"……

是的，当我们突然进入这场全民抗疫的特殊时期，一些深层次的改变也随之悄然而来。当人们从匆忙的、支离破碎的学习生活抽离出来时，就是把自己置身于更深度的发现、更久远的时间、更开阔的远方和更宁静的注视当中。我们被迫展开了数十天全民族的反思与内省，于是，这场危机导致的"暂停"，又带给我们重整出发的无限可能性。也许，它带来应试教育创伤看得见的止损；带来中国教育从"超负荷状态"走向健康和谐、可持续教育新生态的契机；带来学校教育在结构性、机制性的突破上，从无意识渐进到主动寻觅的设计；带来每个人在这场与众不同的战役的共同经历中，意外拼装出的"小我与大我连接"美好图景。

也是在这样的背景之下，2021年的年末，我们又迎来了一个与众不同的休业式，这样的休业式是在严峻的抗疫背景下进行的新改变。不再返校、不再集中、不再统一……是的，看上去有点冷清，校园里空荡荡，也没有往日颁奖时候那一种欢欣雀跃、热闹非凡的场面。但是在这个不一样的背后，还有更多的可期待，让这个别样的休业式又变得暖意洋洋、幸福满满。

  班级里选出了三五个小福娃——这是同学们经过自我推荐、竞争上岗的。他们来自不同的社区，在这一学期中有着不一样的成长：有的是抗疫小达人，有的是服务小先锋，有的是学习小模范……总之他们将代表老师把祝福送到各家各户。这对于每一个同学来说都是一种莫大的荣誉呢！瞧，小米同学因为没有竞选成功而黯然掉泪，然后全班同学秉着公正的原则都在为他想办法、出点子，最后大家讨论决定选派他担任最远一组同学的"护送使者"——因为只有他对那里的小区最熟悉、最了解，同学正好也需要一个向导。

  那么福娃送的福袋里面到底装了些什么呢？这可不能提前透露给孩子们。为了在这里面装上惊喜，可是要动番脑筋。成绩单当然是必不可少的，但是把评语写成明信片的格式，把日常抓拍到的笑得最灿烂的一个镜头定格下来作为一份礼物送给孩子，恐怕是他们想不到的吧；奖状当然是必不可少的，但是把这一学期的每一次努力过程变成一叠能量币，可以转换成下一学期的各种体验券（电影券、零食券、中午漫步券等），这个一定是他们意想不到的吧；再给每一个同学的福袋里面放上一根甜蜜蜜的棒棒糖，一个亮闪闪的荧光棒，这寓意着新的一年越来越棒、越来越闪亮，老师的一份用苦良心，他们猜得到吗？除此之外，福袋里还有一些稀奇的东西也花了老师不少的时间呢：这个娃，画上她上次给老师送红笔的那一瞬，告诉她"你的好都装在我的心里呢"；这个娃，一直都特别喜欢看书，就把她一直想要的那本书送给她，让她永远以书为友，热爱阅读；这个娃，体育一直是头疼的项目，悄悄地给她放一个鸡毛毽子，告诉她过年期间的每一天，也要自觉地蹦蹦跳跳，把身体锻炼得棒棒的！

忙忙乎乎好久，终于等到了小福娃送福上门的那一刻。给每个小福娃带个"牛气冲天、牛运当头"的小头饰——这代表着2021顺顺利利，然后让他们带着老师满满的祝福出发啦！每一个小小快递员带着老师的满满心意，怀着郑重其事的决心，出发啦！

学校"福娃"出门，家里"接福"在恭候啦！有的同学穿上了校服、戴上了红领巾，好像就在学校里进行的"典礼"场面一样接过福袋，那一刻，神圣得就好像站在领奖台一样；有的同学请爸爸妈妈见证，拿照相机记录了这难忘的一刻，毕竟这是一个不一样的休业式，值得在以后的日子里不断地回味；有的同学索性在接到自己的福袋之后，跟着送福的同学一起去了其他同学家里，说是想看一看其他同学的惊喜与自己的到底会有一些什么不一样的地方呢？

就这样，一个福袋，一串心意，一种不一样的结束方式。这不一样的休业式，虽然与众不同，但是却依然充满仪式感。伴随着新的一年的开始，它会带来新的希望与更多的美好！

回顾这一段忽然放慢节奏、相互隔离、居家静守的日子，教育人也同时拥有了一次重新把庸常的日子打成渣、研磨成粉、再塑成形、点亮发光的机会，疫情期间我们"以毅抗疫""毅战毅勇"，开发了不少居家学习指导的好办法，开创了更多线上线下结合探讨的新模式，也书写了教育的新篇章。正如朱光潜先生的"三此主义"中所言的那样：

此身应该做而且能够做的事，就得由此身担当起，不推诿给旁人；

此时应该做而且能够做的事，就得在此时做，不推诿到未来；

　　此地应该做而且能够做的事，就得在此地做，不推诿到想象中的另一地。

辞旧迎新的岁末，回望居家隔离的那一段时光，我们眼含热泪、胸口滚烫！

以童诗为战袍的抗疫日子

2020年1月25日——新年的大年初一，所有中国人肯定对这个日子刻骨铭心。因为正是从这一天开始，全体中国人宣布与"新冠"病毒正面交战，每一个人都被卷入抗疫大军之中。之后的近六十个日日夜夜，春天似乎被病毒吞噬与掠夺，我们被新型冠状病毒关在了家里。

但在这期间，我们也看到有一群勇士正在与病毒抢夺春天，正在用热血甚至生命一点点刨出光亮，而春天也正在这一天天、一次次的努力与坚守中一点点苏醒。

每一个人都在抗疫现场，虽然战场不一样、武器不一样，但是心愿高度一致、行动高度一致，同仇敌忾，誓与新冠病毒决战到底。在看似惨烈的黑暗中，每一个人都在摸索着寻找光亮，正如顾城写的那首诗："黑暗给了我黑色的眼睛，我却用它寻找光明。"

在这个过程中，我们的各种感官也变得异常敏感——我们有深深的痛感，但也常常有热泪盈眶的激动；我们有无法克制的恐惧，但也常常被一次次胜利的喜讯所振奋。虽然在抗疫的后方，但在指导居家学习的间隙，很想再做点什么。有一种声音要呼唤，有一种情感要宣泄，还有一种力量要迸发，于是诗就成了那个扩音器，那个望风口，甚至是那个有力的武器。

于是我想写诗，想带着你们——一起来用童诗为抗疫加油。

我知道要教会你们写诗，我自己必须先下水试试。诗于我，是少年的激情，是青春的萌动，早就已经随着时光的流逝而丢失在过去的岁月。再拿起笔，一开始找不到任何感觉——失去了当年的那一种刻骨铭心，还有那一种怦然心动。但我竟厚着脸皮答应开展一个童诗创作的公益讲座，而且可能有好几千人呢——"好为人师"的毛病还改不了，再加上网络上课当中就包含着一个现代诗歌单元，觉得逼一下自己未尝不可，于是就把自己架在火上开始烤了。

牢牢记得，年后的两周都没有休息，每一天都在煎熬。大部分的时间是在从头学习，然后尝试着自己写写。最痛苦的是看到电视屏幕上那些热血的镜头觉得有些情感汩汩地往外涌想要找到出口，但是拿起笔却写不下一个字——由此想到你们写作文的时候大概也是这样的，玩的时候真是痛快淋漓啊，但是写的时候却无处落笔——做老师的想要孩子做到的，自己得先去做做看，不然就真的叫作站着说话不腰疼。

这样教训着自己，也这样忐忐忑忑迎来了讲座的日子——2月15日，元宵节。那天的前一晚睡得很迟，幻灯片基本上修改完毕，但是还是缺少感觉，在基本没有睡的情况下一早就起床了。站在阳台上，我任凭冷风轻轻地吹着，看着晨光慢慢清亮，听着手机里放着《学习强国》上的新闻联播。听着听着，忽然眼泪流满面颊——那个小护士脸上深深的印痕多么让人心疼啊；那个老医生在接受采访的时候一个趔趄说让我休息一下多么让人心酸啊；还有那个吹哨者挣扎着说安好还要继续回战场多么让人心痛啊……此时此刻，我只想让他们好好过个节，吃颗汤圆，坐下休息几分钟。

回到书桌前，写下自己觉得最像诗的一组——原来束缚着我的那些高大上的词语都退下，留下最朴实、最真实的字眼——用最真诚的方式。

找到了这个感觉，讲座也变得自然了。与童诗的约会，就这样拉开了序幕。

老师的敏感性告诉我这场疫情是最好的教育，最真实的课堂。而首秀的直播课吸引了两千多的孩子也提醒我，你们的情感也需要出口，需要传递——别看你们年龄尚小，其实你们也正在观察，正在思考，正在寻求适合的表达。于是我跟你们约法三章，用每日撰写童诗的方法记录感受、传递情感、输送力量。不知不觉中，班级似乎形成了一个巨大的能量场，我们用童诗相互慰藉，用童诗相互激励，也用童诗相互守望。

你们中有人和我一样，是在跌跌撞撞中忽然与灵感撞了一个满怀，比如悦悦。你的第一次成功我记得很清楚，灵感迸发于深夜。在此之前，你已经收到我很多次"退回再写"的消息了。其他孩子碰到这情况估计已经丧气了，我也曾经跟你说不要着急，不一定要写那么多，允许你先不写，可是你就是那么倔强呢——一次次地构思，一次次地尝试，一次次地修改，有时候我都有点不好意思告诉你再写了，可是你非常坚持，而且乐在其中。然后写着写着，你自己就越过了瓶颈，写出了一篇忽然让我眼前一亮的诗——《我们都是木头人》，这一首诗现在已经被《中国少年先锋报》录用刊发了。这对你是一种极大的鼓舞，其实也与我之前经历的过程是一样的——虽然我们写的诗都是抗疫主题，但都不能无病呻吟，也不要呼号虚空，结合真实感受、表达真情实感的文字，才是灵动和富有活力的。

你们中的很多人之前一直处于失联状态，是诗忽然把你们找回的。嘉小伙，你还记得吗，在开始居家学习的前几天里，你天天惹妈妈生气，处于完全放飞的状态。于是跟你约定，天天晒作业，跟我斗诗。看得出一开始是在应付呢，但是有一天你却忽然发现写童诗挺好玩，不是那么难的事情，于是你的劲头就来啦，写出了这一首让人叫绝的《炸病毒》——看得出这来自一个小调皮的视角，但是这是多么贴切的表达啊！如果有可能，人人都想把这些可恶的病毒炸得焦黄、咬得嘣响，一口气吃得干干净净，那该多好、多好！

你们中还有一些对于诗的感觉是无师自通的，尤其是想象力真的让人叹服，就好像一个个深藏的宝藏被挖掘出来一样。在陪伴与引导你们写童诗的过程中，我把中国儿童诗人雪野的讲座推荐给你们，把国外的金子美玲《向着明亮那方》的诗集介绍给你们，同时也推荐了不少经典的诗歌作品，比如，泰戈尔的、冰心的、柯岩的、花婆婆方素珍的……我希望把最美的诗呈现在你们面前，我也希望你们在恰好的年龄与美好的诗撞一个满怀，留下一段难忘的痕迹。筠妹妹，你记得吗？你的小诗总能用最恰当的文字来表达自己内心最深刻的感触，而且是那么妥帖。

还有些人简直是让人仰视的——确实，我没有用错这个词语呢。都说孩子是天生的诗人，只不过可能孩子的诗心一辈子都在沉睡。而这一粒种子一旦发芽，便隐藏着巨大的力量——宸才女的诗歌，就常常让我有李清照在世的惊艳之感。你写童诗得心应手，每天一首对你来说也是小菜一碟，所以你更加喜欢用词来改写，而且真是写得别有风味——我也曾经尝试改写古诗，但是与你的比较起来，没有其间的灵气与自如。做老师的，碰到做学生的已经能超越自己，那一种快乐简直难以用言语来形容。

这一段与孩子共写童诗的日子如一束光。

童诗，也让我的居家工作变得诗情画意了。

从来没有这么久地在乡下生活过。爷爷说，这两个月待在家里的日子胜过了以往的三十年——一点不夸张哦，我和孩子他爸爸很小就离开了家，每年在老家的日子真是屈指可数。但是现在遵循国家的号召，我们乖乖地宅在家里，哪儿也不去。竹园是那么美，开窗即见；山林是那么近，每周可以登高；水库是那么富有吸引力，太阳照耀下的水面简直有许许多多跳跃的精灵。这些风景都走进我的笔下，走入我的诗中。

从来没有和家人这么亲昵过。每天的一日三餐，都是满怀着感恩之心在准备的；还有看着家里的几个孩子斗嘴耍酷各种怼，觉得是那么充满生机与活力；特别是在工作之余还有精力照顾一下年迈的、多病的老人，感觉是多么踏实、静谧、稳妥啊。这些感受都走进我的笔下，走入我的诗中。

还有内心从来没有这么自由过。每天构思一首童诗是我的精神动力，几乎从一睁开眼睛就在寻找素材；而每日照顾孩子、老人，安排学校的管理与教学工作是我的日常行为，几乎从一早要忙到深夜。在这个过程中，精神是高度紧张的，思维是极度开放的，内心的感受是极度敏感的。虽然身体很忙，但是思想很自由，很想写一点东西，很想表达一点情绪——感觉多年前那个热爱文字的小女孩，又一次穿过时间隧道，迎面向我走来。我除了张开双臂去欢迎她，还能做些什么呢？

我不是诗人，但是我写的每一首诗的背后都有一个故事呢。

就这样以童诗为战袍，我们一起一边上网课，一边写童诗；一边安心学习，一边为前线呐喊加油。在抗疫的六十余个日子里，我写了四十五首诗、你们写了一百零五首诗——确实不算多，但是我们已经自觉地把那些尝试的、练习的，看上去不太像样的摒弃掉了，实际上还更多哦。

当然，这些也算不上真正的诗，更别说是好诗。但是这又有什么关系呢，这一首首稚嫩的小童诗，记录了一个个抗疫的日子——不回避恐惧、不轻视忧虑、不吝啬祝福、不放弃期待。某一天当你们回眸，相信你们会感恩这一个与时代戚戚相关的时刻，与疫情勇敢作战的自己。某一天当我自己回望这一段忙忙碌碌却无比充实的日子，我也将泯然一笑。

是的，作为一名教师，我也将无愧于这一段无比特殊的日子，这一个非同寻常的课堂。

我和你们一起给童诗配画，把它们编辑成册，这一本《抗疫童诗集》，真实记录着我们居家学习时的难忘时光。